Kleine Gartenschule

Einjährige Pflanzen

John Walker

KÖNEMANN

INHALT

LEGENDE

SÄEN/PFLANZEN

BLÜTEZEIT

Kurzinfos im tabellarischen Überblick und ausführliche Beschreibung aller Pflanzen

Links: Niedrige Zinnien, in großen Gruppen zwischen Malven und Petunien gepflanzt – ein Meer von Farben.

Oben: Die Blüten manchen Löwenmäulchen »schnappen« auf, wenn man seitlich darauf drückt.

EINJÄHRIGE PFLANZEN

Es gibt wahrscheinlich keine anderen Pflanzen, die weniger Mühe machen als Einjährige. Dabei spielt es keine Rolle, ob Sie einen großen oder kleinen Garten besitzen oder nur einen winzigen Innenhof.

Täglich geschehen wundersame Dinge in unseren Gärten, und das vielleicht größte dieser »Wunder«, das wir miterleben dürfen, ist die Aufzucht von Blütenpflanzen aus Samen. Es gibt nichts Erstaunlicheres als das Wachstum einer Pflanze mitzuverfolgen, wie sie sich aus einem Samenkörnchen entwickelt und schon wenige Monate nach der Aussaat ihre Blüten öffnet und den Garten in ein Meer von Farben taucht. Bei manchen Einjahresblumen genügt es, den Samen auszustreuen und mit den Fingern in die Erdkrume »einzuharken«. Bei anderen ist nichts weiter erforderlich, als daß man den Samen in der richtigen Tiefe in Rillen legt und den Keimlingen genügend Platz läßt, sich zu entwickeln. Die Natur selbst hat dafür gesorgt, daß viele Einjährige auch in mageren Böden prächtig gedeihen.

Links: Einjahresblumen wie diese violetten Stiefmütterchen, durchsetzt mit weißem Duftsteinrich, können unmittelbar ins Beet ausgesät werden.

Oben: Der Sonnenhut ist in verschiedenen Größen erhältlich und blüht im Sommer unermüdlich.

Viele Sommerblumen gedeihen auch an ungünstig gelegenen Plätzen im Garten. Diese Portulakröschen begnügen sich mit mageren, sandigen, mit Feldsteinen und Felsen durchsetzten Böden und erfreuen uns mit ihrer Blütenpracht.

Was sind Einjährige?

Praktisch alle Einjährigen werden aus Samen gezogen, entweder im Frühjahr unter Glas oder unmittelbar im Freien im vorbereiteten Beet. Manche Einjahresblumen braucht man nur einmal auszusäen. Danach säen sie sich Jahr für Jahr selbst aus. Andere Einjährige muß man lange vor den ersten warmen Frühlingstagen an geschützten Orten heranziehen. Diese frostempfindlichen einjährigen Blumen blühen aber meist unermüdlich den ganzen Sommer über. Für sie muß man geeignete Aufzuchtbedingungen schaffen, besonders für die Aussaat, wo die Temperatur eine wichtige Rolle spielt, damit die Samen keimen. In unseren Breiten wird der frostempfindliche *Ricinus*, der Wunderbaum, als einjährige Pflanze gezogen, obwohl er von Natur aus ein Baum oder Strauch ist und sich in seiner tropischen Heimat Afrika entsprechend entwickelt. Auch die Petunie ist ein Beispiel für eine mehrjährige Blume, die man in Töpfe umsetzt und im Haus an einem kühlen, frostgeschützten Ort überwintert.

Winterharte Einjährige

Am einfachsten ist es, winterharte einjährige Blumen dort auszusäen, wo sie blühen sollen. Dabei ist zu berücksichtigen, daß viele Gattungen das Umsetzen nicht vertragen. Die für gutes Gedeihen erforderlichen Pflanzabstände erreicht man, indem man die Sämlinge ausdünnt. Darunter versteht man das mehrmalige vorsichtige Herausziehen unerwünschter Pflänzchen im Frühjahr, damit die übrigen mehr Platz bekommen. Im Frühsommer sollte das Ausdünnen beendet sein, denn nun beginnen die Pflanzen zu blühen. Winterharte Einjährige leiden nicht unter Frost. Viele von ihnen, wie die Ringelblume, werden schon im Herbst ins Freilandbeet ausgesät, damit die Samen im Frühjahr keimen und die Pflänzchen sich kräftig entwickeln. Zu dieser Gruppe gehören die meisten Sommerblumen.

Frostempfindliche Einjährige

Wie der Name sagt, vertragen diese Pflanzen keinen Frost oder Temperaturen unter dem Gefrierpunkt. Sie müssen Jahr für Jahr neu ausgesät werden, was meist schon im Spätwinter oder zeitig im Frühjahr erfolgt. Viele frostempfindliche Einjährige sind eigentlich mehrjährige Blumen, die jedes Jahr erneut austreiben, aber üppiger blühen, wenn man für jede Saison junge, kräftige Pflanzen verwendet. Man pflanzt sie ins Freie (oder setzt sie um, wenn sie in Töpfen gezogen wurden), sobald die letzten Nachtfröste vorüber sind. Der genaue Zeitpunkt hängt von den örtlichen klimatischen Gegebenheiten ab. Die in diesem Buch angeführten Zeiten für Aussaat und Pflanzen sind Durchschnittswerte für unsere mitteleuropäischen Klimaverhältnisse. Wenn im Herbst die ersten Fröste einsetzen, sterben diese einjährigen Blumen ab. Man zieht sie mit den Wurzeln heraus und wirft sie auf den Kompost.

Winterharte Zweijährige

Zweijährige Blumen wachsen in einem Jahr heran und blühen im zweiten, wonach sie absterben. Ein Beispiel ist der Goldlack (*Cheiranthus*), der im Frühsommer ins Saatbeet im Freien ausgesät wird. Im Oktober versetzt man die jungen Pflanzen an ihren endgültigen Standort, wo sie im darauf folgenden Jahr blühen. Stellen Sie sich winterharte Zweijährige als »Spätentwickler« vor. Anstatt ihre Blätter und Blüten schon im Sommer des ersten Jahres voll zu entwickeln, benötigen sie in der ersten Saison eine Art Anlaufzeit, sammeln ihre Kräfte während des Winters, um im darauf folgenden Frühling und Sommer ihre Blütenpracht zu entfalten. Zweijährige sind besonders nützlich als Lückenfüller im späten Frühjahr und Frühsommer, und viele von ihnen, wie die Bartnelke, sind ausgezeichnete Schnittblumen für die Vase.

Der Samenkauf

Samen für einjährige Blumen können Sie im Versandhandel bestellen oder in Gartencentern, Gärtnereien und Blumengeschäften kaufen. Auch Supermärkte und Baumärkte mit Pflanzenabteilung führen Samen in ihrem Angebot.
In den Katalogen des Versandhandels ist die Samenauswahl am größten, aber auch das begrenzte Angebot der Gartencenter und Blumengeschäfte reicht völlig aus und bietet vor allem dem Anfänger hilfreiche Anregungen, nicht zuletzt durch die bunten Blumenbilder auf den Tüten. Hingegen verpacken manche Samenversandhäuser ihre Ware ganz schmucklos und beschränken sich nur auf sachliche Informationen. Das berührt zwar nicht die Qualität des Samens, aber Inspirationen liefert es auch nicht. Denn die bunten Bilder auf den Samentütchen sind eine große Hilfe bei der Planung der farblichen Abstimmung der Beetbepflanzung mit Einjährigen, und Sie sollten keine Hemmungen haben, mit den Tütchen zu spielen und auszuprobieren, welche Blumen sich Ihren Wünschen entsprechend kombinieren lassen und welche Farbtöne am besten zueinander passen.
Wenn Sie in Blumengeschäften oder Gartencentern Blumensamen kaufen, nehmen Sie keine Tüten, die ausgeblichen oder vergilbt sind und schon lange in der Sonne gelegen haben, denn die Ergebnisse können enttäuschend sein.

Die Verpackung

Vergessen Sie nicht, daß Samen lebende Keimzellen sind und pfleglich behandelt werden müssen, bis sie in die Erde gelegt werden. In der Samentüte finden Sie ein weiteres, kleineres Tütchen aus Kunststoffmaterial. Das darin luftdicht verpackte Saatgut befindet sich in einer Art Tiefschlaf, der es schützt und konserviert, bis der Keimschutzbeutel geöffnet wird. In diesem Augenblick setzt der Alterungsprozeß der Samen ein. Wenn diese besondere Vorratshaltung nicht erforderlich ist, liegen die Samen lose in der Tüte. Daneben gibt es Pillensamen, die einzeln von einer Hülle umschlossen sind, die sich im Boden zersetzt, und Saatbänder, von denen man die benötigte Länge mit Samen abschneidet und in die Saatrille legt. Keimschutzbeutel sollten erst vor der Aussaat geöffnet werden, damit das Ergebnis nicht enttäuschend ausfällt. Die meisten Samentüten zeigen auf der Vorderseite ein buntes Bild der Blume. Auf der Rückseite sind Informationen über die Pflanze und Kulturanweisungen aufgedruckt. Meistens ist auch die Zeit der Aussaat angegeben, wann die Blumen voraussichtlich blühen und Angaben über die Herbstaussaat. Wenn Sie die Samentütchen und Kataloge aufheben, schaffen Sie sich eine kostenlose und nützliche Informationsquelle, auf die Sie bei Bedarf immer zurückgreifen können. Lagern Sie die Samen stets an einem trockenen, kühlen, frostgeschützten Ort.

Junge Pflanzen

Viele in diesem Buch beschriebene frostempfindliche Sommerblumen kann man im Frühjahr und Sommer als junge Pflanzen kaufen. Soweit das auf die aufgeführten 90 Einjährigen zutrifft, finden Sie den Hinweis jeweils unter der Rubrik »Eigenschaften«. Die Bezeichnung »junge Pflanze« bezieht sich sowohl auf pikierte Sämlinge in Multitopfplatten als auch auf größere, unter Umständen schon blühende Pflanzen in kleinen Töpfen.
Wenn Sie Pflanzen kaufen, ersparen Sie sich die Mühe des Aussäens und Aufziehens, die Ihnen der Gärtner abgenommen hat. Das hat Vor- und Nachteile. Junge Pflanzen sind vorteilhaft, wenn es an den Einrichtungen und am Platz fehlt, die Aufzucht selbst zu besorgen. Aber verglichen mit den Gattungen und Arten, die als Samen erhältlich sind, ist

Krankheiten und Schädlinge

Gelbe Blätter
• Wärmemangel während der ersten Wachstumsperiode, oder die Pflanzen wurden zu früh ins Freie gesetzt.
• Stickstoffmangel – gründlich wässern und flüssigdüngen, auch die Blätter gießen.
• Lichtmangel – sonnigeren Standort wählen.

Eingerollte oder verkrüppelte Blätter
• Auf Blattläuse an den Blütenknospen und Blattansätzen achten. Schädlinge mit den Fingern abreiben oder mit Pyrethrum oder Brennnesselwasser spritzen.
• Der Schaden kann auch von Unkrautvernichtungsmitteln herrühren, die vom Wind angeweht wurden. In diesem Fall Unkraut im Rasen nur an windstillen Tagen oder mit wasserlöslichen Mitteln bekämpfen.

Zerfressene Blätter und Schleimspuren
• Schnecken sind eine große Gefahr für die meisten Sommerblumen, besonders bei feuchtwarmer Witterung. Man sammelt sie morgens und abends ab oder streut Schneckenkorn auf die Erde um die gefährdeten Pflanzen.

Weißer, pudriger Belag auf den Blättern
• Echter oder Falscher Mehltau, verursacht durch angewehte Pilzsporen. Viele Einjahresblumen sind davon betroffen. Tritt gewöhnlich erst ab Spätsommer auf. Man entfernt und vernichtet die kranken Blätter und spritzt mit einem Fungizid oder Schachtelhalmbrühe.

Sämlinge verfaulen in Bodenhöhe und fallen um
• Zu dicht gesäte oder zu feucht gehaltene Sämlinge unter Glas können von der Umfallkrankheit befallen werden. Verwenden Sie stets saubere Töpfe oder Saatschalen und frische Komposterde. Befallene Pflänzchen ausreißen, mit Fungizid oder Schachtelhalmbrühe spritzen. Zur Vorbeugung weniger gießen. Notfalls neu ansäen.

Angefressene Blattränder
• Grüne, »katzbuckelnde« Raupen des Kleinen Frostspanners fallen über die Blätter her und fressen sie kahl. Absammeln oder blattober- und -unterseits mit Pyrethrum spritzen. Meist genügt ein scharfer Wasserstrahl.

Kreisförmige Fraßscharten
• Verursacht durch Käfer (Dickmaulrüßler), deren Larven auch die Wurzeln befallen. Absammeln beziehungsweise aus dem Wurzelbereich herauslesen, mit Nematoden gießen.

Junge Blätter eingerollt und zusammengesponnen
• Afterraupe oder Wicklerraupe fressen von innen heraus die Blätter auf. Befallene Pflanzenteile entfernen und vernichten. Spritzen mit spezifischen Insektiziden.

Orange Studentenblumen mit roter und oranger Kapuzinerkresse und niedrigem Sonnenhut – eine harmonische Komposition.

die Auswahl an Pflanzen sehr begrenzt, auch wenn sich manche Gärtnereien bemühen, ihr Angebot auszuweiten. Und die Bequemlichkeit hat ihren Preis. Einjährige Blumen aus Samen selbst zu ziehen, ist in der Regel preiswerter als vorgezogene junge Pflanzen zu kaufen.
Am klügsten geht man vor, wenn man sich sorgfältig überlegt, was man mit den vorhandenen Möglichkeiten erreichen kann. Wenn Sie zur Anzucht der Sämlinge keine andere Möglichkeit haben als das Fensterbrett in der Küche, stellt der Kauf vorgezogener junger Pflanzen von Sommerblumen die vernünftigste Lösung dar. Die Sämlinge werden Mitte des Frühjahrs angeboten, können umgetopft und aufs Fensterbrett oder in den unbeheizten Wintergarten gestellt werden. Dabei entfällt die Mühe, die Samen zum Keimen zu bringen, und Sie haben trotzdem die Möglichkeit, die gewünschten Sorten selbst heranzuziehen. Davon abgesehen hindert Sie nichts daran, winterharte Einjahresblumen zur rechten Zeit unmittelbar ins Freilandbeet im Garten zu säen.
Wenn der Garten sehr klein ist oder nur ein Balkon zur Verfügung steht, empfiehlt sich der Kauf junger Pflanzen. Die schon etwas kräftigeren Pflanzen kann man ab Spätfrühling und im Frühsommer kaufen und gleich in die Balkonkästen oder Ampeln umsetzen. Auch in diesem Fall steht es Ihnen frei, einige *Malcolmia*-Samenkörner in einen Blumenkübel auf dem Balkon zu säen und sich schon nach kurzer Zeit an der Blüte und am Duft dieser schönen Blume zu erfreuen.
Die Kataloge vieler Versandfirmen und Staudengärtnereien enthalten ausführliche Informationen und Wissenswertes über junge Pflanzen. Achten Sie besonders auf die Bestelltermine, damit Sie nicht zu spät kommen und alles schon ausverkauft ist. Meistens erscheinen die Versandkataloge schon im Januar und Februar.

Sommerblumen in Kübeln

Ein Blumenkübel im weitesten Sinne ist jedes Gefäß, das man mit Erde füllt und mit Blumen bepflanzt. Die Palette reicht vom kleinen schwarzen Kunststofftopf bis zum formschönen Terracottagefäß. Wofür Sie sich auch entscheiden mögen, jeder Kübel muß entwässert werden, was meistens durch Löcher im Boden erfolgt. Pflanzgefäße aus Kunststoff haben meistens keine Ablauflöcher; Sie müssen die Löcher selbst bohren, bevor Sie die Kübel bepflanzen. Staunässe läßt die Wurzeln faulen, und die Pflanze geht schnell ein.
In den meisten Fällen genügt Einheits- oder Blumenerde zur Aussaat, Anzucht und zum Umsetzen von Sommerblumen. In der Regel handelt es sich dabei um mit Pflanzennährstoffen angereicherten Torf oder Kompost, der mit anderen Zusatzstoffen wie Ton oder feuchtigkeitsspeicherndem Granulat durchmischt sein kann. Kaufen Sie im Frühjahr immer frische Blumenerde und nehmen Sie keine Gebinde, die zu schwer sind, weil der Inhalt sich mit Nässe vollgesogen hat, die aufgeplatzt sind und einen grünen Algenbelag gebildet haben oder die von der Sonne ausgebleicht sind und ihr Verfallsdatum überschritten haben.
Sie können winterharte Einjährige auch als Kübelpflanzen ziehen . Sie brauchen die Samen nur zur angegebenen Aussaatzeit in kleine Töpfe oder Saatschalen zu legen und die Sämlinge im Frühling in Kübel umzusetzen. In den Pflanzenbeschreibungen dieses Buches wird im gegebenen Fall auf die Eignung als Kübelpflanze hingewiesen. Meistens handelt es sich um Zwergsorten bestimmter Gattungen, deren Zahl ständig größer wird. Frostempfindliche Einjährige werden aus den schon erwähnten Gründen für die Kübelbepflanzung immer interessanter.

Die Aussaat

Die Aussaat erfolgt entweder unter Glas oder im Freien. Die unmittelbar ins Freie auszusäenden Sorten machen die wenigste Arbeit, denn sie brauchen keine besondere Pflege. Man streut die Samenkörner in die gut vorbereitete Erde und mit genügend Abstand, so daß die Pflanzen Platz haben und später nicht vereinzelt werden müssen. Wie tief die Samen in die Erde kommen, hängt von der Samengröße ab. Wichtig ist die gründliche Vorbereitung des Bodens, der bis zu einer Tiefe von etwa 3 cm feinkrumig und locker sein muß.
Man kann die Samenkörner entweder breitwürfig über die gesamte Fläche verstreuen und mit dem Rechen einarbeiten und leicht festdrücken, oder man zieht mit der Kante des Rechens, einem Stock oder mit dem Finger 0,5 bis 1 cm tiefe Furchen, in die man die Samenkörner locker und nicht zu dicht mit Daumen und Zeigefinger hineinstreut. Danach schiebt man mit dem Rechenrücken oder mit der Hand Erde darüber und drückt sie etwas an. Sorgen Sie dafür, daß die Samenkörner ungestört keimen können, und stecken Sie das Samentütchen mit einem Holzstab an den Anfang der Saatreihe. Wenn Sie verschiedene winterharte Einjährige allein oder zusammen mit frostempfindlichen Sorten auf einer größeren Fläche aussäen, markieren Sie die Fläche mit Begrenzungslinien aus hellem Sand, damit Sie wissen, welche Bereiche bereits angelegt sind. Zweckmäßigerweise wird man auch hier in Furchen aussäen, damit sich die in Reihen stehenden Sämlinge vom Unkraut unterscheiden lassen.
Im Zimmer oder Gewächshaus werden frostempfindliche Einjährige vorzugsweise in Saatschalen und heizbare Anzuchtschalen gesät. Letztere sind bei der Anzucht wärmebedürftiger Pflanzen wie Pelargonie und Begonie unerläßlich. Ansonsten reicht eine helle Fensterbank in der warmen Küche vollkommen aus. Viele frostempfindliche Einjährige sind sehr anspruchslos, sobald sich die Keimblätter zeigen, und entwickeln sich auch in kühler Umgebung prächtig, sofern man sie nicht zu stark gießt.
Auch wenn es spezielle Aussaatgefäße mit Wärmematte gibt, genügen für alle in diesem Buch beschriebene Sommerblumen zwei 9-cm-Töpfe, um die Samen eines normalen Tütchens darin keimen zu lassen. Wenn Sie sich mit der Anzucht frostempfindlicher Einjähriger befassen wollen, bedenken Sie bitte, daß Sie die Sämlinge im Frühjahr meistens erst nach den Eisheiligen ins Freie bringen dürfen.

Vorbereitung des Bodens

Für eine gesunde, kräftige Entwicklung brauchen Einjahresblumen nichts weiter als humusreiche Erde mit organischen Nährstoffen, die man noch im Herbst oder zeitig im Frühjahr unter die Krume harkt. Komposterde gibt es zu kaufen, aber wenn Sie im Garten selbst kompostieren, verwenden Sie am besten Ihren eigenen Kompost. Die Komposterde muß dunkel und gründlich verrottet sein. Organisches Material verbessert die Fähigkeit des Bodens, Feuchtigkeit zu speichern, und enthält überdies wichtige Pflanzennährstoffe. Etwa zwei bis drei Wochen vor der Aussaat oder dem Auspflanzen streut man zusätzlich organisch-mineralischen Volldünger aus und harkt ihn unter die Krume. Weitere Düngung ist normalerweise nicht erforderlich.

Ausdünnen

Ausdünnen oder Vereinzeln ist erforderlich, damit die Pflänzchen genügend Platz haben, sich gut zu entwickeln. Bei winterharten Einjährigen ist dies ein besonders wichtiger Vorgang. Wenn die Sämlinge nach und nach heranwachsen, zieht man immer wieder welche heraus, damit die übrigen sich ausbreiten können. Drücken Sie beim Herausziehen die Erde mit den Fingern fest, damit die Wurzeln der danebenstehenden Pflänzchen nicht gestört werden. Danach gießt man an. Mit dem Ausdünnen kann begonnen werden, wenn die Sämlinge etwa 2 bis 3 cm hoch sind und sich die ersten echten Blätter gebildet haben, was meistens im Frühsommer der Fall ist. Im Herbst gesäte Sämlinge sollte man erst im nächsten Frühjahr ausdünnen, wenn man sieht, wieviele von den Pflänzchen über den Winter gekommen sind.

Pikieren

Sobald die Sämlinge frostempfindlicher Einjahresblumen eine gewisse Stärke erreicht haben, kann man sie pikieren. Man hebt sie mit möglichst unbeschädigten Wurzeln an einem Keimblatt vorsichtig aus der Saatschale und pflanzt sie einzeln in eine andere mit torfhaltiger Pikiererde, in die man in etwa 3 cm Abstand Pflanzlöcher eingedrückt hat. Die Schale wird gegossen und zunächst auf die Fensterbank oder ins Kleingewächshaus gestellt, nach einigen Tagen dann in die Sonne. Sollten die Pflänzchen schwächlich werden oder die Blätter vergilben, brauchen sie mehr Licht.

Abhärten

Etwas vier bis acht Wochen nach dem Pikieren kann man mit der Abhärtung beginnen. Abhärten ist erforderlich, damit das Wachstum beim Umsetzen ins Freiland nicht unterbrochen wird. Man stellt die Saatschale von der Fensterbank in den Frühbeetkasten oder in einen Folientunnel, den man nach einigen Tagen tagsüber etwas öffnet. Nachts nimmt man sie ins Haus. Wenn keine Fröste mehr zu befürchten sind, kann man Folientunnel oder Frühbeetkasten auch nachts offen lassen. Das Abhärten muß allmählich erfolgen.

Auspflanzen

Am Abend vor dem Auspflanzen, sei es ins Gartenbeet oder in Kübel, werden die Pflänzchen gegossen. Das Auspflanzen kann mit einem Handspaten oder, wenn die Erde locker genug ist, mit den Händen erfolgen. Letzteres empfiehlt sich bei Kübeln, Balkonkästen und Ampeln. Setzen Sie die Pflänzchen nicht tiefer ein als in der Saatschale, drücken Sie die Erde fest an und wässern Sie. Beschriften Sie Etiketten, die Sie zu den Pflänzchen stecken – mit Auspflanzdatum.

Giessen

Winterharte Einjahrespflanzen, die zuwenig Wasser bekommen, verblühen schnell und sterben ab. Wenn sich der Boden trocken anfühlt, muß man tiefgründig gießen, damit das Wasser die Wurzeln erreicht. Die Erde sollte bis in eine Tiefe von etwa 15 cm feucht, aber nicht naß sein. Prüfen Sie das mit Hilfe des Handspatens. Kübelpflanzen müssen häufiger gegossen werden. Junge Pflänzchen nicht zu stark gießen, sonst könnten die Wurzeln faulen.

Düngen

Wenn Sie vor dem Pflanzen die Komposterde mit Vorratsdünger angereichert haben, genügt das für die gesamte Vegetationszeit, und Sie brauchen nur noch zu gießen. Zusätzlich können Sie Sommerblumen im Freilandbeet alle zwei bis vier Wochen Flüssigdünger verabreichen. Die meisten winterharten Einjährigen kommen ohne Zusatzdüngung aus und gedeihen auch auf mageren Böden vortrefflich.

SOMMER-BLUMEN

Die Begonia semperflorens *ist wegen ihrer gleichmäßigen Höhe eine gute Wahl für Rabatten und Einfassungen.*

Üppig blühende Einjahresblumen bieten Ihnen eine Fülle von Möglichkeiten, Ihren Garten farbenprächtig und abwechslungsreich zu gestalten. Sie haben die Wahl zwischen einjährigen oder zweijährigen Pflanzen, können beide kombinieren und die einen oder anderen als dankbare Lückenfüller zwischen Sträuchern und Gehölzen verwenden.

Wenn Sie einmal damit begonnen haben, Sommerblumen im Garten zu ziehen, werden Sie nie mehr darauf verzichten wollen. Selbstaussäende Einjährige wie *Nigella* tun ohnehin, was sie wollen, und wachsen, wohin die Samen fallen. Bei anderen wie *Lavatera* oder *Ricinus* empfiehlt es sich hingegen, den Standort mit Vorbedacht zu wählen. In jedem Garten gibt es einen Platz für Einjahresblumen, und manchmal sind sie die ideale Lösung, um eine kahle Stelle oder ungenutzte Ecke mit Leben und Farbe zu füllen. Es gibt keine anderen Pflanzen, die so vielseitig sind wie Einjährige.

Die Kornrade mit ihren zart geäderten Blüten ist eine leicht zu ziehende winterharte Einjahresblume, die im Frühjahr ins Freie ausgesät wird.

BEETGESTALTUNG

Beete und Pflanzbottiche mit Einjahresblumen begegnen uns in Fußgängerzonen, in öffentlichen Parkanlagen oder in Nachbars Garten. Fast immer steckt eine Idee dahinter, denn die Wirkung beruht auf sorgfältiger Planung. Wenn Ihnen also Vergleichbares vorschwebt, müssen Sie zuerst planen. Dabei gibt es einige einfache Grundregeln zu beachten, unter anderem die Symmetrie. In der Beetmitte stehen die hohen Pflanzen, an den Rändern die niedrigsten. Dazwischen gruppieren sich Pflanzen von unterschiedlicher Höhe und Eigenschaften und füllen die Fläche zwischen den ganz hohen und ganz niedrigen. Sie können das Beet einfach oder aufwendig gestalten – wie es Ihnen beliebt. Wichtig ist nur, daß Sie festlegen, welche Pflanzen wohin kommen, wie viele Sie davon brauchen und – was man nicht übersehen sollte – daß die Wachstumseigenschaften eine Kombination ermöglichen.

WINTERHARTE EINJAHRESBLUMEN

Ein Beet ausschließlich mit winterharten Einjährigen anzulegen ist einfach und macht viel Freude. Die Auswahl ist groß und es fällt schwer, sich zu beschränken. Man kann auf einem Beet nur winterharte Einjährige aussäen und warten, bis die Keimlinge sich zeigen. Dann braucht man nur noch das Unkraut auszureißen – ausdauernde Wildkräuter müssen vor der Aussaat entfernt werden –, die Sämlinge bis in

Diese Sommerbepflanzung besteht aus Zinnien in der Mitte des Beetes, durchsetzt mit Tradescantien, an die sich zum Vordergrund hin scharlachroter Feuersalbei und die hellvioletten, buschigen Blütenköpfchen des Leberbalsams anschließen.

den Sommer hinein alle paar Wochen auszudünnen und Stützen für die hohen Pflanzen einzusetzen. Am besten wirken kräftige, nicht zu kleine Farbtupfer von jeweils einer Sorte und Farbe. Das sicherste ist es, im Beet runde Areale anzulegen. Lebendiger sind jedoch unregelmäßige oder verschlungene Flächen mit unterschiedlicher Bepflanzung, die ineinander verlaufen. Halten Sie sich an die alte Gärtnerregel und markieren Sie die Flächen mit hellen Sandstreifen, damit Sie wissen, welche Bereiche Sie schon angelegt haben.

Wenn Sie sich auf winterharte Einjährige beschränken, sparen Sie sich viel Zeit und Mühe bei der Anzucht und kommen auch zeitlich nicht in Bedrängnis. Viele winterharte Einjahresblumen, die im nächsten Frühjahr blühen, können noch im Herbst, gewöhnlich im September, gesät werden.

Pflegeleichte Einjährige

Gibt es etwas besseres als eine Pflanze, die man einmal kauft und die sich danach von selbst vermehrt? Das klingt zu verlockend, um wahr zu sein, stimmt aber trotzdem. Denn die meisten winterharten Einjahresblumen, genauer gesagt die selbstaussäenden, tun ebendies und breiten sich aus, wo es ihnen am besten gefällt. Das ist eine Eigenschaft der Wildblumen, aus denen viele Sommerblumen gezüchtet wurden. Die Kornblume wucherte früher wild auf Getreidefeldern, und wie sie gedeihen auch viele andere genügsame Einjahresblumen auf mageren, ausgemergelten Böden. Diese Pflanzen suchen sich ihre Standorte selbst aus, und man braucht sich nicht mehr um sie zu kümmern, es sei denn, sie wuchern zu stark und müssen im Zaum gehalten werden, damit Platz für andere Blumen bleibt.

Lückenfüller

Unerwartet geht Ihre Lieblingsstaude ein, und der Traum vom perfekten Blumenbeet zerplatzt wie eine Seifenblase. Das muß nicht so sein, denn schließlich gibt es die Einjährigen. Auf jedes kahle Fleckchen Erde kann man Sommerblumen säen oder pflanzen, und die Lücke ist schnell geschlossen. Sie können sogar Samenkörner zwischen mehrjährigen Stauden ausstreuen und die Blumen frei wachsen lassen. *Lunaria*, der Silberling, fühlt sich zum Beispiel besonders wohl zwischen der ausdauernden Wolfsmilch, zu deren gelblichem Grün die kleinen violetten Silberlingsblüten einen hübschen Kontrast bilden. Einen Hauch tropischer Üppigkeit bringt der Wunderbaum (*Ricinus communis*) mit seinen dunkelgrünen oder blutroten Blättern und den leuchtend roten Früchten. KräftigeFarbtupfer setzt die Sonnenblume (*Helianthus annuus*). Ihre Zwergsorten wie die relativ neue 'Pacino' lassen sich in Töpfen heranziehen und vor der Blüte ins Freie setzen, wenn noch ein Plätzchen frei ist.

ABUTILON

Schönmalve

Einen Hauch von Exotik vermittelt die Schönmalve mit ihren hängenden, glockenförmigen Blüten.

Die Schönmalve ist ein Strauch, der frostgeschützt überwintert und im Sommer ins Freie gesetzt wird.

EIGENSCHAFTEN

Ein in verschiedenen Farben reich blühender, aufrechter Strauch, der sich durch Aussaat im Frühjahr leicht ziehen läßt. Die ahornähnlichen Blätter werden im Winter nicht abgeworfen. Die Pflanze entwickelt sich buschig und eignet sich für Beete und Kübel an warmen, windgeschützten Standorten. Zum Überwintern stellt man sie in den frostgeschützten Wintergarten oder ins Kleingewächshaus, wo sie bei hellem Stand ganzjährig blüht. Die Schönmalve wird normalerweise 60 bis 90 cm hoch. Varietäten wie *Abutilon pictum* 'Thompsonii' mit panaschierten Blättern sind im Frühjahr als Jungpflanzen in Gartencentern erhältlich.

ABUTILON AUF EINEN BLICK

Ein Strauch für Beetbepflanzung und Gefäßkulturen mit glockenförmigen Blüten. Winterhart bis –5 °C.

Jan.	/
Febr.	säen
März	pikieren
April	umtopfen
Mai	abhärten, pfl.
Juni	Blütezeit
Juli	Blütezeit
Aug.	Blütezeit
Sept.	Blütezeit
Okt.	/
Nov.	/
Dez.	/

EMPFOHLENE SORTEN

Abutilon-hybridus maximus

Abutilon maximum

STANDORT

Licht Helle Standorte, aber vor praller Sonne und Regen schützen. Braucht im Winter viel Licht. In mildgemäßigten Breiten kann die Pflanze an einer Südwand stehen.

Boden Reichlich verrotteten Kompost oder Stallmist unter die Erde mischen, für Kübelbepflanzung Einheits- oder Balkonblumenerde verwenden. In Beeten sollte die Erde gut durchlässig und nicht zu trocken sein.

PFLEGE

Aussaat Im Februar in 9-cm-Töpfe, die Saat samenhoch mit Einheitserde bedecken und bei 21 °C ins Licht stellen. Die Sämlinge erscheinen nach 1–2 Monaten. Wenn sie etwa 5 cm hoch sind, einzeln in 9-cm-Töpfe pikieren, im Juni ins Freie setzen.

Düngen Wöchentlich flüssigdüngen. Vorratsdünger unter die Komposterde mischen.

Probleme Gegen Blattläuse, Weiße Fliege und Spinnmilbe spezifische Insektizide spritzen.

BLÜTE

Blütezeit Blüht im Freien den Sommer über, bei hellem Stand während des Überwinterns und in südlichen Gebieten ganzjährig.

Schnitt Als Schnittblume ungeeignet.

NACH DER BLÜTE

Pflege Vor Frosteinbruch kann die Schönmalve in Töpfe umgepflanzt werden. Vermehrung durch Stecklinge im Frühjahr, die man auf der Fensterbank oder im heizbaren Vermehrungskasten wurzeln läßt.

AGERATUM

Leberbalsam

Ageratum houstonianum *hat in Doldentrauben angeordnete Blütenköpfchen, die an kleinbelaubten Stengeln sitzen.*

Kompaktwüchsige, niedrige Züchtungen des Leberbalsams eignen sich für Beeteinfassungen und Balkonkästen.

EIGENSCHAFTEN

Ageratum, eine kälteempfindliche Einjährige, besitzt buschige Röhrenblüten in den Farben Blau, Rosa und Weiß, blüht gelegentlich auch zweifarbig, z. B. blau und weiß. Für Beeteinfassungen nimmt man Zwergsorten, die bis 15 cm hoch werden. Für Beete und Kübel geeignet. Als fertige junge Pflanzen erhältlich.

STANDORT

Licht Braucht vollsonnige, geschützte Standorte.

AGERATUM AUF EINEN BLICK

Frostempfindliche Sommerblume mit attraktiven Blüten für Beete, Einfassungen, Gefäßkulturen und zum Schnitt.

Jan.	/
Febr.	säen
März	säen
April	kultivieren
Mai	pflanzen
Juni	Blütezeit
Juli	Blütezeit
Aug.	Blütezeit
Sept.	Blütezeit
Okt.	/
Nov.	/
Dez.	/

EMPFOHLENE SORTEN

Ageratum houstonianum:

Beetpflanzung
- 'Blaue Donau'
- 'Blue Champion'
- 'Pacific'
- 'Royal Blue'
- 'Blue Hawaii'
- 'White Hawaii'

Zum Schnitt
- 'Schnittwunder'

Boden Gut durchlässige Böden. Mit Gartenkompost anreichern. Für Kübelbepflanzung Balkonblumenerde verwenden und für gute Entwässerung sorgen.

PFLEGE

Aussaat Februar/März in 9-cm-Töpfe, die Samenkörner leicht mit Erde bedecken und bei 21 °C keimen lassen. Nach einer Woche können die Keimlinge in Multitopfplatten mit Einheitserde pikiert werden. Abhärten und nach der Frostperiode ins Freie pflanzen, bei hohen Sorten im Abstand von 30–40 cm, bei Zwergsorten 10–15 cm.

Düngen Flüssigdünger alle zwei Wochen für kräftigen Wuchs. Oder vor dem Auspflanzen Vorratsdünger unter Kompost mischen.

Probleme Zur Vermeidung von Wurzelfäule für gute Entwässerung sorgen und für die Kübelbepflanzung tonhaltige Erde wählen.

BLÜTE

Blütezeit Den ganzen Sommer über bis zum ersten Frosteinbruch. Verwelktes regelmäßig entfernen, besonders nach starken Regenfällen.

Schnitt Hochwüchsige Sorten wie die mittelblaue 'Schnittwunder' eignen sich für die Vase.

NACH DER BLÜTE

Pflege Verwelkte Pflanzen entfernen.

AGROSTEMMA

Kornrade

Die zartrosa blühende 'Milas' ist eine der bekanntesten Arten. Es gibt auch Sorten in Weiß und Pink.

Die Kornrade wirkt am besten auf großen Beetflächen, wo die dünnen Blütenstengel dicht beieinander stehen.

EIGENSCHAFTEN

Eine leicht zu ziehende Einjährige für Bauerngärten und Freilandbeete, wo sie sich Jahr für Jahr selbst aussät. Die Pflanze wird 60–90 cm hoch und hat rosa, purpurne oder weiße Blüten mit über die Krone hinausragenden langen Kelchzipfeln. Die getreidekorngroßen Kapselfrüchte sind giftig.

STANDORT

Licht Bevorzugt vollsonnige Standorte.

AGROSTEMMA AUF EINEN BLICK

Hochwüchsige, winterharte Einjahresblume mit Blüten in Pink, Purpur oder Weiß. Verträgt Frost bis –15 °C.

Jan.	/
Febr.	/
März	säen
April	ausdünnen
Mai	Blütezeit
Juni	Blütezeit
Juli	Blütezeit
Aug.	Blütezeit
Sept.	Blütezeit
Okt.	säen
Nov.	/
Dez.	/

EMPFOHLENE SORTEN

Agrostemma githago:
- 'Milas'
- 'Ocean Pearl'
- 'Purple Queen'
- 'Rose of Heaven'
- 'Atrosangiunea'
- 'Alba'

Boden Gut entwässerte bis leichte, sandige, magere Böden. Überdüngung kann zu schwacher Blütenbildung führen.

PFLEGE

Aussaat Ins Freilandbeet ab März, sobald sich die Erde erwärmt, etwa 1 cm tief in Horsten oder Furchen. Sämlinge auf 15–30 cm Abstand ausdünnen. Nicht verpflanzen. Aussaat in Töpfe im Herbst, an einem geschützten Ort überwintern und im Frühjahr einzeln umtopfen. Die Blüte setzt im Frühsommer ein.

Düngen Keine Düngung erforderlich, aber in Trockenperioden gründlich wässern.

Probleme Die Pflanze hat sehr dünne Stengel und muß gegebenenfalls abgestützt werden.

BLÜTE

Blütezeit Sommer und Herbst. Frühere Blüte bei Herbstaussaat.

Schnitt Hält sich nur kurze Zeit in der Vase; neigt zum Hängen.

NACH DER BLÜTE

Pflege Verblühtes regelmäßig entfernen, aber einige Blüten stehen lassen, damit sich Samenkapseln bilden können. Die Pflanze sät sich selbst aus und keimt im Frühjahr. Oder man sammelt die Samen und hebt sie in Tütchen auf.

ALCEA

Stockmalve, Stockrose

Die auf der ganzen Länge der Stengel sitzenden Blüten der Stockrose haben unterschiedliche Farbnuancen.

Die hohen Stengel der Stockrose neigen sich unter der Last der reichlichen Blüte und müssen abgestützt werden.

EIGENSCHAFTEN

Die auch unter der botanischen Bezeichnung *Althaea rosea* bekannte Stockrose eignet sich als Hintergrund von Gruppenpflanzungen, denn sie erreicht eine Höhe von bis zu 2,5 m. Die einfachen oder gefüllten Blüten gibt es in vielen Rot-, Rosa-, Gelb- und Weißtönen. Sie wird als Einjahresblume im Frühling ausgesät oder als Zweijährige im Sommer. Einjährige leiden seltener an Rost. Winterhart.

STANDORT

Licht Braucht volle Sonne.

ALCEA AUF EINEN BLICK

Winterharte Zweijährige, die als Ein- oder Zweijahresblume kultiviert wird. Verträgt Frost bis –15 °C.

Jan.	/
Febr.	säen
März	kultivieren
April	Aussaat i. Freie
Mai	pflanzen
Juni	Blüte/säen
Juli	Blütezeit
Aug.	Blütezeit
Sept.	Blüte/pfl.
Okt.	/
Nov.	/
Dez.	/

EMPFOHLENE SORTEN

Alcea rosea:

Einfach blühend
'Nigra'
'Single Mixed'

Gefüllt blühend
'Chater's Double Prachtmischung'
'Nigra Plentiflora'
'Pleniflora'
'Puderquaste Mischung'
'Summer Carnival'

Boden Man findet die Stockrose auch in Lücken zwischen Platten und in Mauerritzen, aber damit sie ihre beachtliche Höhe erreichen kann, muß man vor dem Pflanzen der Erde reichliche Mengen von verrottetem Stallmist oder Gartenkompost zusetzen. Die Erde muß gut durchlässig sein.

PFLEGE

Aussaat Einjährige werden im Februar in Töpfe mit Einheitserde ausgesät. Die Samen bei 20 °C zum Keimen bringen. Nach zwei Wochen die Keimlinge in Töpfe mit Komposterde umsetzen. Nach dem Abhärten im Mai auspflanzen. Aussaat ins Freiland im April. Im Hochsommer ausgesäte Zweijährige im September verpflanzen.

Düngen Monatliches Flüssigdüngen.

Probleme Vor allem in feuchten Sommern kann Befall durch Rostpilze auftreten.

BLÜTE

Blütezeit Zeitig im Frühjahr ausgesäte Pflanzen wachsen rasch und blühen vom Frühsommer an. Die im Herbst verpflanzten überwintern im Freien und blühen im nächsten Frühsommer.

Schnitt Eine stattliche Blume für die Vase. Man nimmt Stengel mit möglichst vielen ungeöffneten Knospen.

NACH DER BLÜTE

Pflege Einige Stengel für die Selbstaussaat stehen lassen. Abgestorbene Pflanzen entfernen.

Amaranthus

Fuchsschwanz

Manche Amaranthus-*Arten bekommen im Sommer kupferfarbene Blätter und rote Blütenstände.*

'Joseph's Coat' hat oberseits goldgelb und rot gezeichnete, unterseits gelblich grüne, gesprenkelte Blätter.

Eigenschaften

Amaranthus ist eine wegen ihres bunten, exotisch wirkenden Laubs und der aufrecht stehenden oder hängenden, roten, grünen, goldbraunen und purpurnen, bis 45 cm hohen Blütenstände geschätzte Gartenblume. Die Blätter sind rot, bronzefarben, gelb, braun, grün oder mehrfarbig gefleckt. Die Höhe liegt zwischen 60 cm und 1,2 m. Geeignet als Kübelpflanze und Blickfang bei Gruppenpflanzung. Schöne Schnitt- und Trockenblume.

Standort

Licht Braucht vollsonnige, windgeschützte Standorte. Sehr wärmebedürftig.

Amaranthus auf einen Blick

Eine kälteempfindliche Sommerblume mit attraktiven Blättern und Blüten. Verträgt keinen Frost.

Jan.	/
Febr.	/
März	säen
April	umsetzen
Mai	umsetzen
Juni	Blütezeit
Juli	Blütezeit
Aug.	Blütezeit
Sept.	Blütezeit
Okt.	Blütezeit
Nov.	/
Dez.	/

Empfohlene Sorten

Amaranthus caudatus:
'Viridis'

Amaranthus cruentus:
'Green Thumb'
'Split Personality'
'Pigmy Torch'

Amaranthus paniculatus:
'Oeschberg'

Amaranthus tricolor:
'Aurora Yellow'
'Splendens Perfecta'

Boden Die Erde sollte gut durchlässig und mit verrottetem Stallmist oder Kompost angereichert sein. Arten der *Amaranthus caudatus* gedeihen auch auf mageren, trockenen Böden. Für die Kübelpflanzung Einheits- oder Balkonkastenerde verwenden. In klimatisch ungünstigen Lagen im Kleingewächshaus oder Wintergarten ziehen. Hochwüchsige Sorten abstützen.

Pflege

Aussaat Im März in 9-cm-Töpfe mit Einheitserde aussäen, Samenkörner dünn bedecken und bei 21 °C zum Keimen bringen. Die nach 7–14 Tagen erscheinenden Keimlinge in Multitopfplatten oder 9-cm-Töpfe mit Einheitserde pikieren. Nach der Frostperiode Ende Mai, Anfang Juni in 30–90 cm Abstand auspflanzen und angießen.

Düngen Ab Frühsommer wöchentlich flüssigdüngen. Bei Kübelpflanzen vor dem Verpflanzen Vorratsdünger unter die Erde mischen, alle zwei Wochen flüssigdüngen.

Probleme Gegen Blattläuse mit Endosulfan spritzen.

Blüte

Blütezeit Buntes Laub von Frühsommer an, leuchtende Blüten und später farbige Samenstände.

Schnitt Blühende Arten eignen sich für die Vase. Samenkapseln läßt man reifen und verwendet sie für Trockensträuße.

Nach der Blüte

Pflege Verwelkte und abgestorbene Pflanzen entfernen und auf den Kompost geben.

ANTIRRHINUM

Löwenmaul

Ältere Sorten des Löwenmäulchens »schnappen« bei Druck auf die Blüte – ein Effekt, den neue nicht mehr zeigen.

Zwergsorten werden gerade 15cm hoch und eignen sich durch ihren buschigen Wuchs bestens für Beeteinfassungen.

EIGENSCHAFTEN

Von den drei Hauptsorten werden die hochwüchsigen bis 1,2 m hoch und eignen sich ausgezeichnet als Schnittblumen. Die mittelhohen erreichen Höhen bis 45 cm. Sie werden für die Beetbepflanzung genutzt und die Zwergsorten (bis 30 cm) für Einfassungen und in Kübeln. Die Farbenpalette ist groß und umfaßt viele Einzelfarben sowie zweifarbige und gefüllte Blüten. Bei den älteren Arten öffnet sich die Blüte beim Zusammendrücken wie ein Löwenmaul. Auch als fertige Jungpflanzen erhältlich.

ANTIRRHINUM AUF EINEN BLICK

Eine kälteempfindliche Einjahresblume mit interessanten Blüten für Beete und zum Schnitt. Verträgt keinen Frost.

Jan.	/
Febr.	säen
März	säen
April	kultivieren
Mai	pflanzen
Juni	Blütezeit
Juli	Blütezeit
Aug.	Blütezeit
Sept.	Blütezeit
Okt.	/
Nov.	/
Dez.	/

EMPFOHLENE SORTEN

Antirrhinum majus:

Kübelpflanzen
'Royal Showers'
'Magic Carpet Mixed'
'Tom Thumb Mixed'

Beetbepflanzung
'Hohes Lied'
'Sonnet-F_1-Hybriden'

Schnittblumen
'Liberty Mixed'

STANDORT

Licht Braucht volle Sonne den ganzen Tag.

Boden Gut entwässerte Böden. Vor dem Pflanzen reichlich verrotteten Stallmist oder Gartenkompost einarbeiten.

PFLEGE

Aussaat Im Februar/März in 9-cm-Töpfe. Die winzigen Samen nur leicht mit Erde bedecken. An hellen Orten bei 18 °C zum Keimen bringen. Nach 1 Woche in Multitopfplatten pikieren, abhärten und nach den letzten Frösten ins Freie setzen. Pflanzabstand 15–45 cm. Im Freiland Haupttrieb ausbrechen, sobald die Pflanzen etwa 15 cm hoch sind, um buschiges Wachstum zu fördern.

Düngen Alle zwei Wochen flüssigdüngen. Vor dem Pflanzen Vorratsdünger untermischen.

Probleme Gegen Befall durch Pilzsporen bei Kübelpflanzen kupferhaltiges Fungizid zum Gießwasser geben. Im Freiland Rostbefall möglich. Widerstandsfähige Sorten wie 'Monarch Mixed' verwenden oder regelmäßig mit Fungizid spritzen.

BLÜTE

Blütezeit Den ganzen Sommer über. Verblühtes entfernen, damit sich weitere Knospen bilden.

Schnitt Hohe Sorten gut für die Vase geeignet.

NACH DER BLÜTE

Pflege Abgestorbene Pflanzen entfernen.

ARCTOTIS
Bärenohr

Wenn das Bärenohr 10–15 cm hoch ist, sollte man die Spitzen ausbrechen, damit die Pflanze buschig wird.

In Gruppen aus 3–6 Pflanzen ist das Bärenohr ein guter Bodendecker und eignet sich für Rabatten.

EIGENSCHAFTEN

Die in Afrika beheimatete, ausdauernde Pflanze ist kälteempfindlich und wird bei uns als Einjahresblume gezogen. Die margeritenähnlichen Blüten erscheinen in Tönen von Rot, Rosa, Gelb, Weiß und Blau. Die Mitte ist dunkel gefärbt. Das Bärenohr wird etwa 45 cm hoch und hat silbrig glänzende Blätter. Für Freiland und Gefäßkulturen geeignet. Gut als Schnittblume geeignet.

ARCTOTIS AUF EINEN BLICK

Eine kälteempfindliche Einjahresblume für Beete, Gefäßkulturen und zum Schnitt. Verträgt keinen Frost.

Jan.	/
Febr.	säen
März	säen
April	umsetzen
Mai	umsetzen
Juni	Blütezeit
Juli	Blütezeit
Aug.	Blütezeit
Sept.	Blütezeit
Okt.	/
Nov.	/
Dez.	/

EMPFOHLENE SORTEN

Arctotis-Hybriden:
- 'Lucie'
- 'Special Hybrids Mixed'
- 'Suzie'
- 'T&M Hybrids'

Arctotis breviscapa

Arctotis venusta

STANDORT

Licht Volle Sonne. Nachmittags und bei trübem Wetter schließen sich die Blüten.

Boden Gut durchlässig und gleichmäßig feucht. Vor dem Pflanzen verrotteten Kompost einarbeiten. Für Kübel Einheitserde verwenden und zur besseren Drainage Gefäßboden 5 cm hoch mit Kies bedecken.

PFLEGE

Aussaat Februar/März in kleine Töpfe, die Samen leicht mit Erde bedecken und bei 18 °C zum Keimen bringen. Die Keimlinge erscheinen nach 2–3 Wochen. Einzeln in 9-cm-Töpfe umpflanzen. Ende Mai abhärten und nach dem letzten Frost in Abständen von 30–45 cm ins Freie verpflanzen.

Düngen Zusatzdüngung kaum erforderlich. Gefäßkulturen alle zwei Wochen flüssigdüngen. Erde nicht zu feucht werden lassen.

Probleme Kümmerliches Wachstum auf schweren, schlecht entwässerten Böden.

BLÜTE

Blütezeit Von Frühsommer an.

Schnitt In der Vase nicht lange haltbar.

NACH DER BLÜTE

Pflege Vor dem ersten Frosteinbruch in Töpfe setzen, frostgeschützt überwintern.

BEGONIA

Begonie

Nur wenige Sommerblumen eignen sich so gut für halbschattige Standorte wie die Arten der Begonia semperflorens.

In Kübeln blühen Begonien von Frühsommer an. Man wählt zwischen grünlaubigen und braunlaubigen.

EIGENSCHAFTEN

Eine kälteempfindliche Staude, die als Einjährige für Blumenbeete, Balkonkästen und Kübel gezogen wird. Die fleischigen Blätter sind grün oder bronzefarben, die kleinen Blüten leuchten rot, rosa, lachsfarben und weiß. Die *Begonia semperflorens* werden etwa 20 cm hoch und vertragen auch Halbschatten. Knollenbegonien werden bis zu 30 cm hoch und haben weniger, aber größere, teils gefüllte Blüten. Für Ampeln gibt es hängende Sorten. Viele Varietäten sind als Jungpflanzen erhältlich.

STANDORT

Licht Sonne und Halbschatten.

BEGONIA AUF EINEN BLICK

Eine kälteempfindliche Einjahresblume mit Blüten und grün-bronzefarbenem Laub. Verträgt keinen Frost.

Jan.	säen
Febr.	säen
März	umsetzen
April	kultivieren
Mai	abhärten
Juni	Blütezeit
Juli	Blütezeit
Aug.	Blütezeit
Sept.	Blütezeit
Okt.	/
Nov.	/
Dez.	/

EMPFOHLENE SORTEN

Begonia semperflorens:
- 'Ambassador Mixed'
- 'Cocktail Mixed'
- 'Pink Sundae'

Knollenbegonien
- 'Non-Stop Mixed'
- 'Non-Stop Appleblossom'
- 'Pin-Up'

Hängende Sorten
- 'Illumination Mixed'

Boden Gut vorbereitete, lockere Böden mit reichlich verrottetem Stallmist oder Kompost.

PFLEGE

Aussaat Januar/Februar. Die Samenkörner sind fein wie Staub und werden, mit etwas Quarzsand vermischt, in 9-cm-Töpfe mit Kompost- oder Torferde gesät, aber nicht bedeckt, da sie zum Keimen Licht brauchen. Die Töpfe in lauwarmes Wasser stellen, bis sich die Erde vollgesogen hat. Bei 21 °C im Vermehrungskasten keimen lassen und Sämlinge in Multitopfplatten pikieren. Die Anzucht aus Samen ist für Laien und ohne die benötigten Einrichtungen sehr schwierig, so daß sich der Kauf von Jungpflanzen empfiehlt. Man setzt sie Anfang Juni, nach dem letzten Frost, in Abständen von 15–20 cm ins Gartenbeet.

Düngen In Trockenperioden alle 2–3 Wochen regelmäßig gießen und flüssigdüngen. Vor dem Pflanzen Vorratsdünger unter die Komposterde mischen.

Schäden Übermäßiges Gießen führt zu Wurzelfäule. Welke Blüten abzupfen, besonders bei feuchter Witterung.

BLÜTE

Blütezeit Vom Frühsommer bis zum ersten Frost.

Schnitt Als Schnittblume ungeeignet.

NACH DER BLÜTE

Pflege Knollenbegonien können im Herbst in Töpfe gesetzt, trocken und frostgeschützt überwintert und im nächsten Frühjahr wieder ausgesetzt werden.

Bellis

Gänseblümchen, Maßliebchen, Tausendschön

Es gibt sehr unterschiedliche Bellis-*Züchtungen. Manche haben kleine, einfache Blüten, andere blühen gefüllt.*

Nachdem die Frühjahrsblüte vorüber ist, können die Pflanzen umgesetzt werden. Sie kommen Jahr für Jahr wieder.

Eigenschaften

Alle *Bellis*-Varietäten mit gefüllten Blüten sind mit dem Gemeinen Gänseblümchen verwandt. Die ausdauernde Pflanze wird als winterharte Zweijährige herangezogen. Geeignet für Frühlingsbeete und Kübel, auch in Kombination mit Hyazinthen und Tulpen. Die Blüten in verschiedenen Farben sind pompon- oder knopfförmig.

Standort

Licht Damit die Blüte möglichst früh einsetzt, sonnige, warme Standorte wählen.

Bellis auf einen Blick

Eine Mehrjährige, die als Zweijährige gezogen wird. Geeignet für Beete und Gefäßkulturen. Winterhart bis –15 °C.

Jan.	/
Febr.	Blütezeit
März	Blütezeit
April	Blütezeit
Mai	Blüte/säen
Juni	säen
Juli	kultivieren
Aug.	kultivieren
Sept.	kultivieren
Okt.	pflanzen
Nov.	/
Dez.	/

Empfohlene Sorten

Bellis perennis:

Kleine Blüten

'Blütenteppich'
'Medici Mixed'
'Pomponette Mixed'
'Pomponette Pink Buttons'

Große Blüten

'Habanera'
'Roggli'

Boden Gedeiht auf fast allen Böden. Vor dem Pflanzen Erde mit Kompost anreichern, um Wachstum und Blüte zu fördern. Für Gefäßkulturen Einheitserde verwenden und für gute Entwässerung sorgen.

Pflege

Aussaat Mai/Juni in gut vorbereitete, feinkrumige Erde. Saatrillen 1 cm tief ziehen. Feucht halten. Wenn die Pflanzen groß genug sind, zu kleinen Horsten im Abstand von 10–15 cm vereinzeln. Oder in 9-cm-Töpfe umsetzen und während des Sommers kultivieren, im Herbst wässern und verpflanzen. Abstand 15–20 cm.

Düngen Bei Wachstumsbeginn im Frühjahr Flüssigdünger alle 2–3 Wochen. Im Winter nicht düngen und im Kübel nicht zu stark gießen, um Wurzelfäule vorzubeugen.

Probleme Befall durch Blattläuse, Spinnmilben und Echten Mehltau möglich, aber weitgehend frei von Krankheiten.

Blüte

Blütezeit Zeitig im Frühjahr bis in den Sommer hinein. Verblühtes entfernen, um den Flor zu verlängern und Selbstaussaat zu begrenzen.

Schnitt Für kleine Blütenbuketts geeignet.

Nach der Blüte

Pflege Um für Sommerblüher Platz zu schaffen, Pflanzen entfernen und wegwerfen.

BRACHYSCOME

Blaues Gänseblümchen, Australisches Gänseblümchen

Das Australische Gänseblümchen bringt in den Sommermonaten eine Fülle margeritenähnlicher Blüten hervor.

Für gemischtfarbige Bepflanzungen wählt man moderne Züchtungen wie 'Bravo Mixed'.

EIGENSCHAFTEN

Das Blaue Gänseblümchen (*B. iberdifolia*) und seine Arten bilden dichte Blütenkissen und eignen sich für Beete, Balkonkästen, Ampeln und Kübel. Als Beeteinfassung können sie sich ungehindert ausbreiten, ohne von kräftigeren Pflanzen verdrängt zu werden. Die hellgrünen, zartfiedrigen Blätter wirken sehr grazil. Die Pflanze wird bis 25 cm hoch und ebenso breit. Neben den blauen gibt es auch andersfarbige Züchtungen, die man mischen kann. Kälteempfindlich.

STANDORT

Licht Möglichst Südlagen in voller Sonne.

Boden Windgeschützte, warme Standorte. Brachyscome bevorzugt nahrhafte, gut durchlässige Böden mit reichlich verrottetem Stallmist oder Kompost. Für Gefäßkulturen Einheits- oder Balkonblumenerde verwenden.

BRACHYSCOME AUF EINEN BLICK

Eine kälteempfindliche Sommerblume mit margeritenähnlichen Blüten für Beete und Kübel.

Jan.	/
Febr.	/
März	säen
April	säen/umsetzen
Mai	ins Freie
Juni	Blütezeit
Juli	Blütezeit
Aug.	Blütezeit
Sept.	Blütezeit
Okt.	/
Nov.	/
Dez.	/

EMPFOHLENE SORTEN

Brachyscome iberidifolia:
- 'Blue Splendor'
- 'Bravo Mixed'
- 'Mischung'
- 'Purple Splendour'
- 'White Splendour'

PFLEGE

Aussaat März und April in 9-cm-Töpfe, die Samen nur leicht bedecken und bei 18 °C keimen lassen. Die Keimlinge zeigen sich nach drei Wochen. In Multitopfplatten pikieren und im Abstand von 25–30 cm ins Freie setzen.

Düngen Wöchentlich Flüssigdünger im Freiland. Kübelerde mit Vorratsdünger anreichern und im Sommer alle zwei Wochen flüssigdüngen. Nicht zu stark gießen, besonderes bei anhaltender feuchter Witterung, sonst faulen die Wurzeln.

Probleme Schwächliche Pflanzen mit Reisern abstützen. Nicht zu kräftigen anderen Blumen in Kübel setzen, sonst werden sie überwuchert und stehen im Schatten. Schneckenbefall mit Schneckenkorn verhindern.

BLÜTE

Blütezeit Die kleinen, zart duftenden Blumen blühen den ganzen Sommer über. Vom Duft hat man mehr, wenn man sie in Balkonkästen oder Ampeln setzt.

Schnitt Als Schnittblume ungeeignet.

NACH DER BLÜTE

Pflege Nach der Blüte entfernen und auf den Kompost geben.

BRASSICA

Zierkohl

Nachdem die Sommerblüte vorüber ist, bringt der Zierkohl herbstliche Farbenpracht in den Garten.

EIGENSCHAFTEN

Bunte Zierkohlarten sind wegen ihrer Farben beliebte Gartenblumen im Herbst und Winter. Sie werden etwa 40 cm hoch und breit und eignen sich für Beete und Kübel. Die rotvioletten, rosa und weißen Krausköpfe leuchten kräftiger, bei Temperaturen unter 10 °C, aber starker Frost schadet ihnen. Auch als Jungpflanzen erhältlich.

STANDORT

Licht Volle Sonne für kräftige Färbung.

BRASSICA AUF EINEN BLICK

Eine winterharte Einjahrespflanze in leuchtenden Farben, die vom Herbst bis ins Frühjahr hält. Frosthart bis –15 °C.

Jan.	Blätter
Febr.	Blätter
März	Blätter
April	Blätter
Mai	Blätter
Juni	säen
Juli	säen
Aug.	kultivieren
Sept.	pflanzen
Okt.	Blätter
Nov.	Blätter
Dez.	Blätter

EMPFOHLENE SORTEN

'Attraction'
'King Red'
'King White'
'Osaka Red'
'Nagoya Mixed'
'Red & White Peacock'

Boden Vor dem Pflanzen Erde mit verrottetem Stallmist oder Kompost anreichern. Saure Böden aufkalken. Im Winter vor Wind schützen. Für Kübel Einheitserde verwenden und für gute Entwässerung sorgen.

PFLEGE

Aussaat Juni/Juli in 9-cm-Töpfe mit Einheitserde und nicht in die pralle Sonne stellen. Nach einer Woche erscheinen die Keimlinge. Einzeln in 9-cm-Töpfe umpflanzen. Im Freien kultivieren und häufig gießen. Im Frühherbst in Beete oder Gefäße setzen.

Düngen Alle zwei Wochen stickstoffreicher Dünger während der Sommermonate. Tomatendünger eignet sich gut dafür und fördert die Färbung.

Probleme Kohlschädlinge befallen auch Zierkohlsorten. Die Raupen absammeln oder mit einem spezifischen Insektizid spritzen.

BLÜTE

Blütezeit Beste Wuchsperiode ist Sommer und Frühwinter. Pflanzen, die den Winter überstehen, blühen im Frühjahr gelb.

Schnitt Die ganzen Köpfe in Arrangements mit anderen Winterblumen.

NACH DER BLÜTE

Pflege Durch Frost geschädigte Pflanzen entfernen, im Frühling alle ausreißen und auf den Kompost werfen.

Browallia

Browallie

Die Blüten der Browallie nehmen einen kristallartigen Schimmer an, wenn sie von der Sonne beschienen werden. Sie entwickeln sich sehr üppig. Hier die Varietäten 'Blue Troll' und 'White Troll'.

Eigenschaften

Es gibt Sorten mit blauen, violetten oder weißen Blüten. Dunkelfarbige haben eine weiße Mitte. Die Pflanze wird bis 30 cm hoch und eignet sich für Gefäßkultur, in gemäßigtem Klima auch für Beete. Halbstrauchartige Varietäten der *Browallia speciosa* eignen sich als Zimmerpflanzen.

Standort

Licht Braucht Wärme und einen geschützten Platz in der Sonne.

Browallia auf einen Blick

Eine kälteempfindliche Sommerblume mit üppigen Blüten für Beete und Töpfe. Verträgt keinen Frost.

Jan.	/
Febr.	säen
März	säen
April	kultivieren
Mai	pflanzen
Juni	Blütezeit
Juli	Blütezeit
Aug.	Blütezeit
Sept.	Blütezeit
Okt.	/
Nov.	/
Dez.	/

Empfohlene Sorten

Browallia speciosa:

Blaue Blüten
- 'Blue Troll'
- 'Blue Bells'
- 'Starlight Blue'

Weiße Blüten
- 'White Troll'

Blau/pink/weiße Blüten
- 'Jingle Bells'

Boden Die Browallie braucht durchlässige, gut drainierte Böden. Wenn die Gartenerde zu schwer ist, sind Gefäßkulturen vorzuziehen. Einheits- oder Balkonblumenerde verwenden. Vor dem Pflanzen im Freien reichlich verrotteten Stallmist oder Gartenkompost unter die Erde mischen.

Pflege

Aussaat Samen im Februar/März auf die Erde in 9-cm-Töpfen streuen, leicht abdecken. Temperatur konstant bei 18 °C halten und Oberfläche nicht austrocknen lassen. Die Keimlinge erscheinen nach 2–3 Wochen. In Multitopfplatten oder einzeln in 7-cm-Töpfe pikieren. Ende Mai abhärten und Anfang Juni ins Freie setzen. Für Gefäßkulturen Aussaat bis Ende Juni.

Düngen Flüssigdünger alle zwei Wochen. Bei Gefäßkulturen Pflanzerde vorher mit Vorratsdünger anreichern.

Probleme Bei Blattlausbefall mit Insektizid spritzen.

Blüte

Blütezeit Von Frühsommer an bis zum ersten Frost. Verblühtes entfernen, damit sich mehr Knospen öffnen, die Blüte länger anhält.

Schnitt Als Schnittblume nicht geeignet.

Nach der Blüte

Pflege Bei Frost gehen die Pflanzen ein. Als Zimmerpflanzen ausdauernd.

CALCEOLARIA

Pantoffelblume

Die leuchtenden Rottöne der Pantoffelblume 'Sunset' setzen Farbakzente zwischen dem Grün des Laubes und passen gut zu Studentenblumen.

EIGENSCHAFTEN

Nur wenige Calceolaria-Hybriden eignen sich für die Freilandpflanzung und unterscheiden sich von den als Zimmerpflanzen kultivierten großblütigen Varietäten. Sie werden jedes Jahr aus Samen gezogen und in Beete oder Gefäßkulturen gepflanzt. Höhe und Breite bis 40 cm.

STANDORT

Licht Sonne und Halbschatten. Regenschutz.

CALCEOLARIA AUF EINEN BLICK

Die kälteempfindliche, einjährige *Calceolaria* wird für Beete und Kübel verwendet. Verträgt keinen Frost.

Jan.	säen
Febr.	säen
März	umsetzen
April	kultivieren
Mai	abhärten
Juni	Blütezeit
Juli	Blütezeit
Aug.	Blütezeit
Sept.	Blütezeit
Okt.	/
Nov.	/
Dez.	/

EMPFOHLENE SORTEN

Calceolaria-Hybriden:
- 'Goldbukett'
- 'Golden Bunch'
- 'Sunshine'
- 'Goldari'

Boden Erde feucht und kühl halten. Vor dem Pflanzen Erde mit Kompost anreichern. Für Kübel und Balkonkästen Einheits- oder Balkonblumenerde verwenden.

PFLEGE

Aussaat Die Samen im Januar bis März auf die Erde in 9-cm-Töpfen streuen. Bei 18 °C zum Keimen bringen. Die Keimlinge erscheinen nach 2–3 Wochen. In Multitopfplatten pikieren. Abhärten und nach dem letzten Frost ins Freie setzen – Pflanzabstand 15–30 cm – oder zu anderen Blumen in Gefäße und Balkonkästen pflanzen.

Düngen Flüssigdünger alle 2–3 Wochen oder vor dem Pflanzen. Vorratsdünger unter die Erde mischen.

Probleme Bei anhaltend feuchter Witterung im Frühsommer Gefahr durch Schneckenfraß.

BLÜTE

Blütezeit Von Frühsommer bis zum Frosteinbruch. Verwelkte Blüten wöchentlich entfernen, um die Blütezeit zu verlängern.

Schnitt Einige Blütenzweige kann man für die Vase nehmen, aber darauf achten, daß Form und Gestalt der Pflanze nicht leiden.

NACH DER BLÜTE

Pflege Abgestorbene Pflanzen im Herbst ausreißen und auf den Kompost geben.

CALENDULA

Ringelblume

Die Blüten von gemischten Sorten der Ringelblume erstrahlen in kräftigen Tönen von Gelb und Orange.

Die Ringelblume ist eine buschige einjährige Pflanze mit üppigem Blütenflor, der sich bis in den Herbst hält.

EIGENSCHAFTEN

Eine schnellwüchsige, winterharte Sommerblume mit margeritenähnlichen Blüten in Nuancen von Gelb, Orange, Rot, Lachsfarben und sogar Grün, teils einfach mit dunkler Mitte, teils gefülltblühend. Die eßbaren Blütenblätter können zu Salaten gegeben werden. Ausgezeichnet für Blumenwiesen und Beete. Leicht zu ziehen, weil die Samen nur ausgestreut zu werden brauchen. Höhe 30–70 cm, Breite bis 30 cm.

STANDORT

Licht Gedeiht am besten in voller Sonne.

Boden Reichere Blüte auf mageren Böden. Für gutes Wachstum vor dem Pflanzen Erde mit verrottetem Stallmist oder Kompost anreichern. Die Ringelblume verträgt keine schweren, schlecht drainierten Böden, so daß in diesem Fall Gefäßkulturen vorzuziehen sind.

CALENDULA AUF EINEN BLICK

Eine winterharte Sommerblume für Beete und Einfassungen, die sich auch selbst aussät. Verträgt Frost bis –15 °C.

Jan.	/
Febr.	/
März	säen
April	säen
Mai	ausdünnen
Juni	Blütezeit
Juli	Blütezeit
Aug.	Blüte/säen
Sept.	Blüte/säen
Okt.	/
Nov.	/
Dez.	/

EMPFOHLENE SORTEN

Calendula officinalis:
- 'Bunter Bikini'
- 'Fiesta Gitana Mixed'
- 'Greenheart Orange'
- 'Kablouna Lemon Cream'
- 'Kablouna Mixed'
- 'Orange King'
- 'Pacific Beauty'
- 'Pink Surprise'
- 'Princess'
- 'Modefarben'

PFLEGE

Aussaat März bis Mai oder August/September. Die großen Samen in die aufgelockerte Erde am endgültigen Standort säen und bedecken. Die Keimlinge ausdünnen und für Abstände von 25–30 cm sorgen. Im Herbst ausgesäte Pflanzen blühen im nächsten Jahr früher. Falls als Schnittblume gewünscht, in Furchen säen.

Düngen Monatlich einmal flüssigdüngen. Kaliumbetonten Dünger verwenden, zum Beispiel Blaukornvolldünger.

Probleme Bei Blattlausbefall mit Insektizid spritzen. Vorsicht: Die Blütenblätter gespritzter Pflanzen sind für den Verzehr ungeeignet. Bei Mehltaubefall im Spätsommer geschädigte Blätter abzupfen.

BLÜTE

Blütezeit Spätfrühling bei Aussaat im Herbst davor. Die im Frühjahr gesäten Pflanzen blühen ab Frühsommer bis in den Herbst hinein. Verblühtes entfernen.

Schnitt Als Schnittblume gut geeignet. Abschneiden vermehrt die Blüte. Möglichst keine voll erblühten Stengel nehmen.

NACH DER BLÜTE

Pflege Verwelkte Pflanzen ausreißen. Einige stehen lassen, um die Samen reifen zu lassen und die Selbstaussaat zu begünstigen.

CALLISTEPHUS

Sommeraster

Viele Arten der Sommeraster haben gefüllte Blüten und überzeugen durch einen reichen Blütenflor.

Wenn andere Einjahresblumen immer spärlicher blühen, erweist sich die Sommeraster als dankbare Beetpflanze..

EIGENSCHAFTEN

Sommerastern sind kälteempfindliche Einjahresblumen, nicht zu verwechseln mit den winterharten Staudenastern. Sie eignen sich für Beete, als Schnittblumen und für Gefäßkulturen. Viele haben chrysanthemenähnliche Blüten, manche sind einfachblühend. Höhe je nach Art 20–90 cm. Auch als Jungpflanzen erhältlich.

STANDORT

Licht Warme Standorte mit voller Sonne.

CALLISTEPHUS AUF EINEN BLICK

Die kälteempfindliche Sommerblume wird für Beete und Kübel geschätzt. Verträgt keinen Frost.

Jan.	/
Febr.	/
März	säen
April	säen
Mai	pflanzen
Juni	Blütezeit
Juli	Blütezeit
Aug.	Blütezeit
Sept.	Blütezeit
Okt.	Blütezeit
Nov.	/
Dez.	/

EMPFOHLENE SORTEN

Callistephus chinensis:
- 'Apricot Giant'
- 'Dwarf Comet Mixed'
- 'Matsumoto Mixed'
- 'Pompon'
- 'Milady Mixed'
- 'Pinocchio Mischung'
- 'Red Ribbon'
- 'Starlight'

Boden Gut durchlässige Böden, die vor dem Pflanzen mit verrottetem Stallmist oder Gartenkompost angereichert wurden. Für Gefäßkulturen Einheitserde, vermischt mit Langzeitdünger, verwenden.

PFLEGE

Aussaat März/April in 9-cm-Töpfe mit Einheitserde. Bei 16 °C keimen lassen. Nach einer Woche erscheinen die Keimlinge, die nach dem Pikieren in Multitopfplatten angetrieben werden. Ende Mai wird ausgepflanzt. Ende April und im Mai kann ins Freie gesät werden. Pflanzabstand 20–60 cm.

Düngen Regelmäßig gießen und Kübelpflanzen alle zwei Wochen flüssigdüngen. Im Freiland Flüssigdünger zum Gießwasser geben.

Probleme Befall durch Blattläuse kann die Blüte beeinträchtigen. Gegen saugende Insekten spritzen. Wenn die Pflanzen plötzlich umfallen und eingehen, liegt das an der Asternwelke. Wurzelballen entfernen. An dieser Stelle keine Astern mehr oder nur resistente Sorten ziehen.

BLÜTE

Blütezeit Frühsommer bis Frühherbst.

Schnitt Ausgezeichnete Schnittblume.

NACH DER BLÜTE

Pflege Verblühte Pflanzen kompostieren, sofern nicht von der Asternwelke befallen.

Campanula

Marienglockenblume

Die glockenförmigen Blüten der Campanula medium *sind ein erfreulicher Anblick auf Beeten und Rabatten.*

Die Glockenblume entwickelt ihren ganzen Charme, wenn sich die Blütenkelche wie Narzissen öffnen.

Eigenschaften

Die buschige Glockenblume wirkt am besten in dichten Gruppen in gemischten Randbepflanzungen und hält sich gut in der Vase. Zwergsorten können für Beete und Gefäßkulturen genutzt werden. Die großen glockenförmigen, teils einfachen, teils gefüllten Blüten an 60–90 cm hohen Stengeln sind blau, rosa, hellviolett oder weiß. Sie werden als winterharte Zweijährige gezogen, nur 'Champion' und 'Chelsea Pink' werden als Einjährige kultiviert und blühen drei Monate nach der Aussaat im Februar. Hohe Pflanzen müssen gestützt werden.

Campanula auf einen Blick

Die winterharte zweijährige Sommerblume eignet sich für Beete und zum Schneiden. Verträgt Frost bis –15 °C.

Jan.	/
Febr.	/
März	/
April	säen
Mai	säen
Juni	Blüte/säen
Juli	Blütezeit
Aug.	Blütezeit
Sept.	Blütezeit
Okt.	pflanzen
Nov.	/
Dez.	/

Empfohlene Sorten

Campanula medium:

Hochwüchsige Sorten
- 'Calycanthema Mixed'
- 'Champion'
- 'Rosea'
- 'Einfache Mischung'

Zwergsorten
- 'Bella Series'
- 'Bells of Holland'
- 'Chelsea Pink'
- 'Russian Pink'

Standort

Licht Freie, vollsonnige Standorte.

Boden Verrotteten Stallmist oder Gartenkompost einarbeiten. Gute Entwässerung, aber die Erde sollte nie völlig austrocknen. Für Gefäßkulturen Einheitserde verwenden.

Pflege

Aussaat Die feinkörnigen Samen werden von April bis Juni ins Freiland oder Kübel gesät. Nur leicht mit Erde bedecken. Die Sämlinge in 30 cm Abstand umpflanzen oder einzeln in 9-cm-Töpfe setzen. Während des Sommers kultivieren und im Herbst in Gruppen von 3–5 Pflanzen in 30 cm Abstand umsetzen. Der Flor erscheint im folgenden Sommer.

Düngen Einige Wochen nach dem Umsetzen oder Umtopfen monatlich flüssigdüngen. Im Frühjahr Blaukornvolldünger auf die Beete streuen.

Probleme Schnecken befallen die Blüten im Frühsommer. Schneckenkorn schafft Abhilfe.

Blüte

Blütezeit Blüten erscheinen ab Frühsommer. Verblühte Stengel bis zum Boden abschneiden, dann kann es zu einem zweiten Flor kommen.

Schnitt Es lohnt sich, einige hochwüchsigen Sorten für die Vase zu kultivieren.

Nach der Blüte

Pflege Pflanzen auf den Kompost geben.

CATHARANTHUS

Immergrün, Vinca

Catharanthus roseus *hat weiße oder rosa Blüten mit rotem Schlund und interessant geformte Blütenblätter.*

Für die Beetbepflanzung gibt es das kälteempfindliche Immergrün in gemischten Sorten.

EIGENSCHAFTEN

Die Arten der *Catharanthus roseus* haben rosa, hellviolette oder weiße Blüten, häufig mit dunkelrotem Schlund. Die Pflanze wächst kräftig in die Breite, wird 25–40 cm hoch und eignet sich für Gruppenbepflanzung auf Beeten. Sie läßt sich aber auch sehr gut in großen Töpfen mit Einheitserde als Zimmerpflanze halten. Immergrün wird als frostempfindliche Einjährige gezogen.

CATHARAN. AUF EINEN BLICK

Eine kälteempfindliche Einjahresblume für Gefäßkulturen an sonnigen, geschützten Plätzen. Verträgt keinen Frost.

Jan.	/
Febr.	/
März	säen
April	umsetzen
Mai	pflanzen
Juni	Blütezeit
Juli	Blütezeit
Aug.	Blütezeit
Sept.	Blütezeit
Okt.	/
Nov.	/
Dez.	/

EMPFOHLENE SORTEN

Catharanthus roseus:
- 'Apricot Delight'
- 'Pacifica Red'
- 'Peppermint Cooler'
- 'Cooler Mix'
- 'Tropicana Mixed'
- 'Terrace Vermillion'

STANDORT

Licht Braucht im Freiland volle Sonne.

Boden Für gute Entwässerung sorgen. Vor dem Pflanzen Boden mit verrottetem Stallmist oder Gartenkompost anreichern. Für Gefäßkulturen Einheitserde mit eingearbeitetem Langzeitdünger verwenden.

PFLEGE

Aussaat Die Samen März/April in 9-cm-Töpfe mit Einheitserde geben und bedecken. Bei 18 °C keimen lassen. Die 2–3 cm hohen Keimlinge in Multitopfplatten pikieren. Im beheizten Kleingewächshaus oder im Zimmer kultivieren, Erde nicht zu feucht werden lassen. Ende Mai in 20–30 cm Abstand ins Beet oder in Kübel verpflanzen.

Düngen Beetpflanzen monatlich flüssigdüngen.

Probleme Zu häufiges Gießen und Staunässe führen zu Wurzelfäule. Gegen die Rote Spinne mit einem ölhaltigen Mittel spritzen.

BLÜTE

Blütezeit Den ganzen Sommer über.

Schnitt Als Schnittblume nicht geeignet.

NACH DER BLÜTE

Pflege Nach dem ersten Frost entfernen und auf den Kompost geben.

CELOSIA

Federbusch, Hahnenkamm

Die Blütenstände des Federbuschs sind aus vielen winzigen Blüten zusammengesetzt.

Die leuchtenden Blütenschöpfe des Federbuschs entfalten in Gruppen von 4–6 Pflanzen ihre beste Wirkung.

EIGENSCHAFTEN

Die Einjahresblume hat je nach Art federbusch- oder hahnenkammähnliche Blütenähren in leuchtenden Farben von Scharlach, Dunkelrot, Rot, Orange, Goldgelb und Gelb. Hohe Sorten werden bis 75 cm, Zwergsorten 25 bis 30 cm hoch. Für Freilandbeete und Gefäßkulturen geeignet.

STANDORT

Licht Braucht viel Sonne und heiße, geschützte Standorte, um zu gedeihen.

CELOSIA AUF EINEN BLICK

Die kälteempfindliche Sommerblume wird wegen ihrer prächtigen Blütenschöpfe geschätzt. Verträgt keinen Frost.

Jan.	/
Febr.	säen
März	säen
April	umtopfen
Mai	pflanzen
Juni	Blütezeit
Juli	Blütezeit
Aug.	Blütezeit
Sept.	Blütezeit
Okt.	/
Nov.	/
Dez.	/

EMPFOHLENE SORTEN

Celosia argentea:
'Kimono Mixed'
'Dwarf Geisha'
'Century Mixed'
'New Look'

Celosia spicata:
'Flamingo Feather'

Celosia cristata:
'Jewel Box Mixed'

Boden Gut durchlässige Böden, angereichert mit verrottetem Stallmist oder Gartenkompost für kräftiges Wachstum der Pflanzen.

PFLEGE

Aussaat Die Wurzeln der *Celosia* dürfen nicht gestört werden, deshalb jeweils 2–3 Samenkörner in Multitopfplatten mit Einheitserde geben. Bei 18 °C Bodenwärme keimen lassen und die nach 2–3 Wochen erscheinenden Keimlinge bis auf das stärkste Pflänzchen ausdünnen. Die jungen Pflanzen vorsichtig in 9-cm-Töpfe umsetzen, zwei Wochen abhärten und nach dem letzten Frost ins Freie verpflanzen. Pflanzabstand 15 bis 30 cm. Gut wässern.

Düngen Für Beetpflanzen monatlich Flüssigdünger. In die Einheitserde für Gefäßkulturen Langzeitdünger einarbeiten.

Probleme Kälte und Staunässe führen zu Wurzelfäule. Bei schweren Böden in Kübel pflanzen.

BLÜTE

Blütezeit Den ganzen Sommer über.

Schnitt Gute Schnittblume für die Vase. Auch als Trockenblume hervorragend geeignet. Die Blütenstengel mit den Köpfen nach unten aufhängen und trocknen lassen.

NACH DER BLÜTE

Pflege Nach dem ersten Herbstfrost alle Pflanzen entfernen und kompostieren.

Centaurea

Flockenblume, Kornblume

Verblühte Blumen sind regelmäßig zu entfernen. Für die Vase schneidet man sie, wenn die Knospen geschlossen sind.

In dichter Pflanzung wie auf diesem Bild stützen sich die Kornblumen gegenseitig.

Eigenschaften

Centaurea cyanus, die Kornblume, ist eine sehr leicht zu ziehende, frostharte Einjährige und eignet sich für Beete, Gefäßkulturen und als Schnittblume. Neben der blauen Sorte gibt es Farbenmischungen und Einzelfarben in Rot, Rosa und Weiß. Sie wird bis 35 cm hoch. Hochwüchsige Arten wie 'Blue Diadem' sind für die Vase vorzuziehen. Verblühtes regelmäßig entfernen, um den Flor zu verlängern.

Centaurea auf einen Blick

Die robuste Einjahresblume gibt dem Garten einen ländlichen Charakter. Frosthart bis –15 °C.

Jan.	/
Febr.	/
März	säen
April	ausdünnen
Mai	Blütezeit
Juni	Blütezeit
Juli	Blütezeit
Aug.	Blütezeit
Sept.	Blüte/säen
Okt.	/
Nov.	/
Dez.	/

Empfohlene Sorten

Centaurea cyanus:

Niedrige Sorten
'Florence Blue'
'Florence Mixed'
'Florence Pink'
'Florence Red'
'Florence White'
'Midget Mixed'

Hochwüchsige Sorten
'Blue Diadem'
'Blauer Junge'

Standort

Licht Volle Sonne den ganzen Tag über.

Boden Gut durchlässige Böden sind die einzige Voraussetzung zum Gedeihen dieser Sommerblume. An windigen Standorten müssen die Pflanzen gestützt werden, sofern sie nicht in dichten Gruppen stehen. Für Gefäßkulturen Einheitserde verwenden.

Pflege

Aussaat Im Frühjahr am endgültigen Standort in kurzen, etwa 1 cm tiefen Furchen aussäen. Reihenabstand etwa 30 cm. Auf 10–15 cm Pflanzabstand ausdünnen. Aussaat auch Ende September möglich, aber mit dem Ausdünnen bis zum nächsten Frühjahr warten. Für Kübelbepflanzung in Töpfe säen und in Multitopfplatten pikieren.

Düngen Zusatzdüngung in der Regel nicht nötig.

Probleme Mehltaubefall, keine Gegenmaßnahmen.

Blüte

Blütezeit Sommer bis Frühherbst.

Schnitt Für die Vase schneiden, bevor sich die Knospen ganz öffnen.

Nach der Blüte

Pflege Nach der Blüte entfernen. Reifen die Samen, sät sich die Pflanze selbst aus.

Cheiranthus

Goldlack

Die Schönheit der intensiv gefärbten Blüten des Goldlacks wird nur übertroffen von ihrem honigsüßen Duft.

'Ivory White' ist eine einfarbige Art von Cheiranthus cheiri *für Beetbepflanzungen in dezenten Farben.*

Eigenschaften

Die roten, orangefarbenen, gelben, braunen und violetten Blüten duften im Frühjahr herrlich. Je nach Art wird diese winterharte Zweijährige 20–45 cm hoch und ist in Farbmischungen und einfarbig erhältlich. Sie eignet sich für Beete und Gefäßkulturen. Für die Verwendung als Schnittblume wurden aufrecht wachsende Sorten (Stangenlack) entwickelt. Jungpflanzen sind im Frühherbst erhältlich.

Cheiranthus auf einen Blick

Die zweijährige Pflanze mit schönen Blüten und feinem Duft, eignet sich für Beete und Kübel. Frosthart bis –15 °C.

Jan.	/
Febr.	Blütezeit
März	Blütezeit
April	Blütezeit
Mai	säen
Juni	säen
Juli	ausdünnen
Aug.	kultivieren
Sept.	kultivieren
Okt.	pflanzen
Nov.	/
Dez.	/

Empfohlene Sorten

Cheiranthus cheiri:

Hochwüchsige Sorten
'Blood Red'
'Cloth of Gold'
'Harlequin'

Mittelhohe Sorten
'My Fair Lady Mixed'
'Vulcan Improved'

Zwergsorten
'Prince Mixed'
'Bedder Mischung'

Standort

Licht Volle Sonne, dann duften sie am stärksten.

Boden Gut durchlässige Böden sind Voraussetzung. Saure Böden vor dem Pflanzen aufkalken. Für Kübel und Balkonkästen Einheitserde verwenden. Beete nicht an Stellen anlegen, die trockenen, kalten Winden ausgesetzt sind. Kübel im Winter an die Südwand stellen.

Pflege

Aussaat Mai/Juni ins Freie. Furchen in 30 cm Abstand und 1 cm tief. Sämlinge auf 30 cm Abstand vereinzeln. Die 10–15 cm hohen Pflanzen entspitzen, damit sie buschig werden. Im Oktober ins endgültige Beet oder in Kübel verpflanzen. Wurzelballen mit möglichst viel Erde umpflanzen.

Düngen Im Sommer monatlich mit Flüssigdünger.

Probleme Standorte meiden, an denen die Umfallkrankheit aufgetreten ist.

Blüte

Blütezeit Ende Winter und im ganzen Frühjahr.

Schnitt Für die Vase gut geeignet.

Nach der Blüte

Pflege Nach der Blüte im Spätfrühling ganze Pflanze entfernen.

Cleome

Spinnenblume

Spinnenblumen gibt es gemischtfarbig und in Einzelfarben. Hier die beliebte 'Colour Fountains Mixed'.

Die Cleome *entfaltet ihre exotische Wirkung in Beeten wie auch in Gefäßkulturen auf Terrassen und Balkonen.*

Eigenschaften

Die aus Amerika stammende *Cleome spinosa* gehört zu den Kaperngewächsen. Die in breiten Trauben im Sommer erscheinenden purpur-, rosafarbenen und weißen Blüten haben weit herausragende Staubfäden. Die kälteempfindliche einjährige Pflanze wird bis 1,5 m hoch und eignet sich für die Hintergrundbepflanzung. Auf die Dornen an den Stengeln achten.

Standort

Licht An vollsonnigen, geschützten Standorten erreicht die Pflanze ihre volle Höhe.

Cleome auf einen Blick

Eine dekorative Einjahresblume mit exotisch wirkenden Blüten für Beete und Kübel. Verträgt keinen Frost.

Jan.	/
Febr.	säen
März	säen
April	kultivieren
Mai	pflanzen
Juni	Blütezeit
Juli	Blütezeit
Aug.	Blütezeit
Sept.	Blütezeit
Okt.	/
Nov.	/
Dez.	/

Empfohlene Sorten

Cleome spinosa:

Gemischte Farben
'Colour Fountain Mixed'

Unifarben
'Kirschkönigin'
'Helen Campbell'
'Rosakönigin'
'Violettkönigin'

Boden Stellt keine besonderen Ansprüche an den Boden, sofern er gut entwässert wird. Bestes Wachstum in mit verrottetem Stallmist oder Gartenkompost angereicherten Böden. Für Gefäßkulturen Langzeitdünger unter die Einheitserde mischen.

Pflege

Aussaat Im Februar/März in 9-cm-Töpfe mit Einheitserde bei 18 °C Bodenwärme. Die Keimlinge zeigen sich nach zwei Wochen. Einzeln in 9-cm-Töpfe umsetzen und im beheizten Kleingewächshaus oder Wintergarten kultivieren. Im Mai in größere Gefäße umtopfen, abhärten und nach dem letzten Frost ins Freie setzen.

Düngen Im Freilandbeet vierzehntägig beim Wässern mit der Gießkanne. Die Erde in Kübeln nicht zu feucht werden lassen.

Probleme Blattläuse befallen junge Pflanzen und hinterlassen verkrüppelte Blätter. Regelmäßig nachsehen und mit Insektizid spritzen.

Blüte

Blütezeit Die lange Blütezeit dauert den ganzen Sommer über bis weit in den milden Herbst hinein. Die langen, dünnen Samenstände wirken wie Spinnenbeine.

Schnitt Als Schnittblume geeignet, aber Vorsicht vor den Dornen.

Nach der Blüte

Pflege Beim Ausreißen der verblühten Pflanzen Handschuhe tragen.

Consolida

Sommerrittersporn

Der Sommerrittersporn eignet sich als Schnittblume und wegen seiner hohen Stengel auch für Trockensträuße.

Feinfiedrige Blätter sind charakteristisch für Consolida ajacis, *die Blüten sind einfach oder gefüllt.*

Eigenschaften

Consolida ajacis ist mit *Delphinium* verwandt, wächst aber niedriger als diese ebenfalls beliebte Staude und wird als frostharte Einjährige kultiviert. Sie wird etwa 90 cm hoch, blüht rot, rosa, blau, violett, weiß. Sie eignet sich für Einfassungen in Bauerngärten. Samen sind giftig.

Standort

Licht Vollsonnige, freie Standorte.

Consolida auf einen Blick

Eine winterharte Einjahresblume mit schönen Blüten für Einfassungen und zum Schnitt. Verträgt Frost bis –15 °C.

Jan.	/
Febr.	/
März	säen
April	ausdünnen
Mai	ausdünnen
Juni	Blütezeit
Juli	Blütezeit
Aug.	Blütezeit
Sept.	Blüte/säen
Okt.	/
Nov.	/
Dez.	/

Empfohlene Sorten

Consolida ajacis:

Hochwüchsige Sorten
- 'Early Bird Mixed'
- 'Exquisit'
- 'Giant Imperial Mixed'
- 'Hyacinth Flowered Mixed'

Zwergsorten
- 'Dwarf Hyacinth Flowered Mixed'
- 'Dwarf Rocket Mixed'

Boden Gut durchlässige Böden. Vor dem Pflanzen mit verrottetem Stallmist oder Gartenkompost anreichern. Gedeiht auch auf mageren Böden. Dicht pflanzen, damit sich die Stengel gegenseitig stützen. Hochwüchsige Sorten sind ausgezeichnet für die Pflanzung im Hintergrund geeignet.

Pflege

Aussaat Im März oder September am Standort aussäen. Furchen von 1 cm Tiefe ziehen. Die Keimlinge erscheinen in der Regel nach 2–3 Wochen. Sämlinge vereinzeln, damit die Pflanzen 10–15 cm Abstand haben.

Düngen Zusatzdüngung nicht erforderlich.

Probleme Rechtzeitig Schneckenkorn auslegen.

Blüte

Blütezeit Bei Aussaat im Herbst von Frühling an, bei Aussaat im Frühjahr ab Juni. Verblühte Stengel abschneiden.

Schnitt Hervorragende Blume für die Vase. Stengel lang abschneiden und kurz in heißes Wasser tauchen.

Nach der Blüte

Pflege Nach der Blüte einige Stengel stehen lassen, damit die Samen reifen und die Pflanze sich durch Selbstaussaat vermehren kann. Die übrigen Pflanzen ausreißen und auf den Kompost geben.

Coreopsis

Mädchenauge

'Early Sunrise' ist eine Staude *mit halbgefüllten Blüten. Sie kann als Einjahresblume kultiviert werden.*

Diese dankbare Sommerblume bildet dichte Blütenpolster und eignet sich auch als Schnittblume.

Eigenschaften

Eine dankbare Gartenblume mit einfachblühenden und gefüllten Blüten von Gelb, Rot und Rotbraun. Sie wird 25–90 cm hoch. Manche Arten sind Stauden, aber am kräftigsten werden sie bei einjähriger Kultur und Aussaat im Februar. Zwergsorten werden für Gefäßkulturen verwendet.

Standort

Licht Beste Ergebnisse erzielt man an vollsonnigen Standorten.

Coreopsis auf einen Blick

Die je anach Sorte frostempfindliche oder winterharte (bis –15 °C) Pflanze wird meist einjährig gezogen..

Jan.	/
Febr.	säen
März	säen
April	umsetzen
Mai	pflanzen
Juni	kultivieren
Juli	Blütezeit
Aug.	Blütezeit
Sept.	Blütezeit
Okt.	Blütezeit
Nov.	/
Dez.	/

Empfohlene Sorten

Coreopsis tinctoria:
'Mahogany Midget'
'T&M Dwarf Mixed'
'T&M Originals Mixed'

Coreopsis grandiflora:
'Early Sunrise'
'Gold Star'
'Mayfield Giant'
'Sunburst'

Boden Verträgt magere Böden. Mit verrottetem Stallmist oder Gartenkompost angereicherte Erde bringt kräftigere Pflanzen. Für Gefäßkulturen Einheitserde verwenden. Hochwüchsige Sorten in Gruppen kommen ohne Stützen aus.

Pflege

Aussaat Im Februar/März in 9-cm-Töpfe mit Einheitserde, leicht bedecken und bei 16 °C zum Keimen bringen. In Multitopfplatten pikieren, Ende Mai zwei Wochen abhärten und nach dem letzten Frost ins Freie setzen. Bei Aussaat ins Freilandbeet im Mai/Juni Blüte bis in den Herbst hinein.

Düngen Bei guten Gartenböden keine Zusatzdüngung nötig. Einheitserde für Gefäßkulturen mit Langzeitdünger anreichern.

Probleme Gegen Schnecken bei feuchter Witterung im Frühjahr Schneckenkorn streuen.

Blüte

Blütezeit Den ganzen Sommer, besonders wenn welke Blüten regelmäßig entfernt werden.

Schnitt Hochwüchsige Sorten sind als Schnittblumen geeignet. Schneiden, wenn die Blüten voll geöffnet sind, aber noch frisch wirken.

Nach der Blüte

Pflege Mehrjährige wie 'Mayfield Giant' und 'Sunrise' können im Herbst als Stauden verpflanzt werden.

Cosmos

Cosmea, Schmuckkörbchen

'Sensation Mixed' ist eine hochwüchsige Sorte (bis 90 cm) mit einfachen Blüten in Rot, Pink und Weiß.

Während des Sommers blühen die Varietäten von Cosmos bipinnatus *auf Beeten und an Wegrändern.*

Eigenschaften

Das Schmuckkörbchen hat feine, fiedrige Blätter, viele dahlienförmige Blüten und wird bis 1,5 m hoch. Niedrige, buschige Sorten werden für Gefäßkulturen verwendet. *C. bipinnatus*-Arten haben rote, purpurfarbene, rosa oder weiße Blüten, *C. sulphureus* blüht blutrot, orange und gelb. Die Pflanze wird als Einjährige kultiviert und eignet sich gut für Beete in ländlichen Gärten. 'Gloria' und 'Unschuld' wachsen riesenblumig in Rosa und Weiß und eignen sich gut für den Schnitt.

Cosmos auf einen Blick

Eine wegen ihrer großen, margeritenartigen Blüten beliebte Sommerblume für Beete und Kübel. Verträgt keinen Frost.

Jan.	/
Febr.	/
März	säen
April	säen/umsetzen
Mai	säen/pflanzen
Juni	Blütezeit
Juli	Blütezeit
Aug.	Blütezeit
Sept.	Blütezeit
Okt.	/
Nov.	/
Dez.	/

Empfohlene Sorten

Cosmos bipinnatus:
- 'Daydream'
- 'Gazebo'
- 'Picotee'
- 'Seashells/Sea Shells'
- 'Sensation Mixed'
- 'Sonata Mixed'

Cosmos sulphureus:
- 'Ladybird Mixed'
- 'Ladybird Scarlet'
- 'Sunny Red'

Standort

Licht Gedeiht in vollsonnigen Lagen.

Boden Durchlässige, leichte, nicht allzu nahrhafte Böden gewährleisten gutes Wachstum. An exponierten Standorten gegebenenfalls mit Reisern gestützen. Bei Gefäßkulturen Einheitserde mit Volldünger anreichern.

Pflege

Aussaat Im März werden die langen, dünnen Samen in 9-cm-Töpfe mit Einheitserde ausgesät und bei 16 °C zum Keimen gebracht. In Multitopfplatten pikieren und kultivieren. Ende Mai abhärten und nach dem letzten Frost ins Freie verpflanzen. Oder April/Mai unmittelbar ins Freiland säen. Pflanzabstand je nach Art 15–45 cm.

Düngen Normalerweise nicht erforderlich.

Probleme Die ins Freie gesetzten Pflänzchen mit Schneckenkorn schützen.

Blüte

Blütezeit Von Frühsommer an.

Schnitt Die hochwüchsigen Sorten ergeben ausgezeichnete Schnittblumen. Verblühtes regelmäßig entfernen.

Nach der Blüte

Pflege Nach dem Frost die Pflanzen ausreißen. Falls Selbstaussaat gewünscht wird, einige stehen und die Samen reifen lassen.

Dahlia
Dahlie

Beetdahlien werden häufig als gemischte Sorten angeboten. Zur Pflanzzeit kann man sie nach Farben sortieren.

'Double Delight Mixed' wird 45 cm hoch und ist eine für Beetbepflanzung wie auch Gefäßkulturen geeignete Sorte.

Eigenschaften

Die aus Samen gezogenen Dahlien sind eng verwandt mit denen aus überwinterten Knollen. Von den vielen Sorten werden die Zwergformen nur 30 cm hoch. Die Farben der Blüten sind sehr vielfältig, und manche Sorten wie 'Redskin' haben bronzefarbenes Laub. Als kälteempfindliche Einjährige kultiviert, eignen sie sich für Beete, Kübel und sogar Balkonbepflanzungen. Man hat die Wahl zwischen einfachblühenden, gefüllten und halbgefüllten. Auch als Jungpflanzen erhältlich.

Standort

Licht Braucht den ganzen Tag volle Sonne.

Dahlia auf einen Blick

Eine wegen ihrer Blüten geschätzte, kälteempfindliche Einjährige für Beet und Kübel. Verträgt keinen Frost.

Jan.	/
Febr.	säen
März	säen
April	umpflanzen
Mai	pflanzen
Juni	Blütezeit
Juli	Blütezeit
Aug.	Blütezeit
Sept.	Blütezeit
Okt.	Blütezeit
Nov.	/
Dez.	/

Empfohlene Sorten

Dahlia-Hybriden:

Hochwüchsige Sorten
- 'Collarette Dandy'
- 'Kaktus Hybriden'
- 'Pompon Mixed'

Niedere Sorten
- 'Diablo Mixed'
- 'Dwarf Double Delight'
- 'Figaro'

Boden Zwei bis drei Wochen vor dem Pflanzen reichlich verrotteten Stallmist oder Gartenkompost in die Gartenerde einarbeiten. Die Böden müssen durchlässig und mäßig feucht sein. Für Gefäßkulturen Einheitserde mit Langzeitdünger verwenden, um das Wachstum während des Sommers zu begünstigen.

Pflege

Aussaat Februar/März in 9-cm-Töpfe und leicht mit Erde bedecken. Wässern und an einem hellen Ort bei 16 °C keimen lassen. Die Sämlinge einzeln umsetzen. Ende Mai abhärten und Anfang Juni, nach dem letzten Frost, verpflanzen. Abstand 15–30 cm.

Düngen Je nach Bodenbeschaffenheit und Witterung wöchentlich gießen und flüssigdüngen. Auch während der Saison regelmäßig wässern.

Probleme Bei Schneckenbefall Schneckenkorn streuen. Zerfressene Blütenblätter rühren von Ohrwürmern her. Kleine Blumentöpfe mit Stroh füllen und an Stöcken umgekehrt zwischen die Dahlien hängen. Gegen Fraßprobleme an Trieben und Blättern durch Eulenraupen Pyrethrum spritzen.

Blüte

Blütezeit Von Frühsommer bis zum ersten Frost.
Schnitt Höhere Sorten eignen sich für die Vase.

Nach der Blüte

Pflege Pflanzen mit verwelkten Blättern entfernen. Die Knollen beliebter Sorten trocken und frostgeschützt überwintern.

Delphinium
Rittersporn

'Pacific Giants Mixed' ist eine sehr beliebte Delphinium-*Art mit tiefblauen Blüten.*

Rittersporn eignet sich gut als Lückenfüller in gemischten Bepflanzungen.

Eigenschaften

Rittersporn wird meist als ausdauernde Staude kultiviert, aber einige Arten können als Einjährige aus Samen gezogen werden. Die reich blühenden Stengel werden bis 1,5 m hoch und eignen sich gut für den Hintergrund von Beeten und als Schnittblumen. Beliebte Sorten kann man im Herbst umsetzen und als Stauden weiter nutzen. Pflanze und Samen sind giftig.

Delphinium auf einen Blick

Mehrjährige Gartenblume, die als Einjährige für Blumenbeete und Rabatten kultiviert wird. Frosthart bis –15 °C.

Jan.	/
Febr.	/
März	säen
April	pikieren
Mai	pflanzen
Juni	Blütezeit
Juli	Blütezeit
Aug.	Blütezeit
Sept.	Blütezeit
Okt.	/
Nov.	/
Dez.	/

Empfohlene Sorten

Delphinium-Hybriden:
- 'Connecticut Yankees'
- 'Dreaming Spires'
- 'Zwerg Pacific Mixed'
- 'Dwarf Magic Fountains Mixed'
- 'Pacific Giants Mixed'

Delphinium grandiflorum:
- 'Blue Butterfly'

Standort

Licht Beste Ergebnisse an sonnigen Standorten.

Boden Gut durchlässige, gleichmäßig feuchte Böden. Vor dem Pflanzen mit Gartenkompost anreichern. In exponierten Lagen müssen die hohen Stengel gestützt werden.

Pflege

Aussaat Im März in Töpfe mit Einheitserde. Samen leicht bedecken. Bei 15 °C Bodenwärme keimen lassen. Keimlinge in Multitopfplatten pikieren und im Frühbeetkasten oder geschützt im Freien kultivieren. Im Mai an den endgültigen Standort verpflanzen.

Düngen Nach dem Pflanzen gut feucht halten und alle 2–3 Wochen flüssigdüngen.

Probleme Gefahr von Schneckenfraß. Absammeln und Schneckenkorn streuen.

Blüte

Blütezeit Ab Frühsommer.

Schnitt Für die Vase schneiden, nachdem sich die unteren Spornblüten geöffnet haben und die Knospen sich zu färben beginnen.

Nach der Blüte

Pflege Wenn Sie die Pflanzen als Stauden weiter kultivieren wollen, Stengel bis zum Boden schneiden, wenn das Laub braun geworden ist. Wurzelstock herausnehmen, im Herbst oder Frühjahr wieder auspflanzen.

Dianthus barbatus

Bartnelke

Die Bartnelke erfreut das Auge durch ihren buschigen Wuchs und eine üppige Blüte, die im Spätfrühling einsetzt.

Der angenehme Duft ist charakteristisch für Dianthus-barbatus-*Arten, die im Frühsommer in Blüte stehen.*

Eigenschaften

Die mit der Gartennelke verwandten Arten der Bartnelke haben einfache oder gefüllte Blüten in Scharlachrot, Rosa, Lachsrot und Weiß mit einem Auge in Kontrastfarbe. Manche Sorten sind zweifarbig. Die Pflanze wächst buschig und wird bis 45 cm hoch. Zwergsorten erreichen eine Höhe von 15 cm. Die Bartnelke blüht von Frühling bis Frühsommer, duftet sehr angenehm und kann auch für die Vase geschnitten werden. Die Anzucht aus Samen als winterharte Zweijahresblume ist unkompliziert. Die Pflanze eignet sich für Rabatten und Gruppen.

Dianthus bar. auf einen Blick

Die Zweijahresblume wird im Sommer ausgesät und blüht im folgenden Frühjahr und Sommer. Frosthart bis –15 °C.

Jan.	/
Febr.	/
März	/
April	Blütezeit
Mai	Blüte/säen
Juni	Blüte/säen
Juli	Blütezeit
Aug.	kultivieren
Sept.	kultivieren
Okt.	pflanzen
Nov.	/
Dez.	/

Empfohlene Sorten

Dianthus barbatus:

Hochwüchsige Sorten

'Albus'
'Heimatland'
'Mersenger'
'Scarlet Beauty'
'Harlequin'
'Monarch Mixed'

Zwergsorten

'Dwarf Mixed'
'Rondo Mischung'

Standort

Licht Vollsonnige Lagen.

Boden Gut durchlässige, alkalische Böden. Einige Wochen vor dem Pflanzen mit verrottetem Stallmist oder Gartenkompost anreichern.

Pflege

Aussaat Im Mai/Juni die winzigen Samen in 1 cm tiefe Furchen ins Freie säen und leicht mit Erde bedecken. Die Sämlinge in 15 cm Abstand verpflanzen. Entspitzen, damit sie buschig wachsen. In den Sommermonaten regelmäßig gießen. Im Oktober an den endgültigen Standort verpflanzen. Wurzelballen vorsichtig behandeln. Falls man hauptsächlich Schnittblumen wünscht, kultiviert man die Pflanzen in Reihen.

Düngen Im Sommer monatlich flüssigdüngen.

Probleme Bei Staunässe im Winter geht die Pflanze ein. Wenn Blätter vom Rost befallen werden, mit spezifischem Fungizid spritzen.

Blüte

Blütezeit Spätfrühling bis Frühsommer. Zweiter Flor möglich, wenn man nach der ersten Blüte alle Stengel bis dicht über dem Boden zurückschneidet.

Schnitt Ideale Schnittblume für kleine Buketts.

Nach der Blüte

Pflege Nach der letzten Blüte die Pflanzen ausreißen oder einige stehen lassen, damit sich dichtere Büsche entwickeln.

Dianthus chinensis

Sommernelke

Die Sommernelke ist eine ausgezeichnete Einjahresblume für Gefäßkulturen und wird auch für Beetbepflanzungen und Einfassungen verwendet, denn alle Stengel werden ungefähr gleich hoch.

Eigenschaften

Die Hybriden werden 20–30 cm hoch und eignen sich als buschige Gruppen und Beeteinfassungen sowie für Kübel. Sommernelken werden geschützt aufgezogen und einjährig kultiviert. Die Blüten sind rot, rosa oder weiß und durften schwach. Auch als fertige Jungpflanzen erhältlich.

Standort

Licht Braucht volle Sonne für kräftige Blüte.

Dianthus chin. auf einen Blick

Eine frostharte Einjahresblume mit farbenprächtigen Blüten für Beetbepflanzung und Kübel. Verträgt Frost bis –15 °C.

Jan.	/
Febr.	/
März	säen
April	umpflanzen
Mai	abh./pflanzen
Juni	Blütezeit
Juli	Blütezeit
Aug.	Blütezeit
Sept.	Blütezeit
Okt.	/
Nov.	/
Dez.	/

Empfohlene Sorten

Dianthus chinensis:
- 'Baby Doll Mixed'
- 'Telstar Mix'
- 'Double Gaiety Mixed'
- 'Princess Mixed'
- 'Raspberry Parfait'
- 'Snowfire'
- 'Strawberry Parfait'
- 'T&M Frosty Mixed'

Boden Gut durchlässige Böden. Bei der Vorbereitung reichlich Gartenkompost einarbeiten. Bei Gefäßkulturen stets für gute Entwässerung sorgen.

Pflege

Aussaat Im März in 9-cm-Töpfe mit Einheitserde. Samen leicht bedecken und bei 15 °C an einem hellen Ort zum Keimen bringen. Die 2–3 cm hohen Keimlinge in Multitopfplatten pikieren und im Frühbeetkasten kultivieren. Ende Mai abhärten und in Beete oder Gefäße verpflanzen.

Düngen Nicht zu stark gießen – einmal die Woche genügt. Alle 2–3 Wochen flüssigdüngen. Gefäßkulturen brauchen keine Zusatzdüngung, wenn die Einheitserde mit Langzeitdünger angereichert wurde.

Probleme Übergießen führt zu vergilbten Blättern und Abfaulen der Stengel.

Blüte

Blütezeit Von Frühsommer bis Herbst, wenn man die verwelkten Blüten regelmäßig entfernt.

Schnitt Hochwüchsige Sorten eignen sich für die Vase. Am besten wählt man eine duftende Sorte wie 'Double Gaiety Mixed'.

Nach der Blüte

Pflege Verwelkte Pflanzen ausreißen und auf den Kompost geben.

DIGITALIS

Fingerhut

Der stattliche Fingerhut betont die Vertikale in Beetanlagen und paßt gut zu weißen Buschmalven.

Weißblühender Fingerhut ist eine wertvolle Bereicherung für dezente Farbabstimmungen mit viel frischem Grün.

EIGENSCHAFTEN

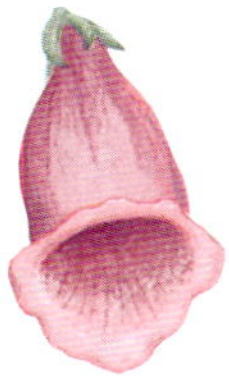

Die als zweijährige Pflanze kultivierten Varietäten von *Digitalis purpurea* werden bis 2 m hoch, blühen blauviolett, rosa oder weiß. Man pflanzt sie in Gruppen auf Rabatten oder zwischen Sträuchern. Sie werden als winterharte Zweijährige gezogen, 'Foxy' als Einjahresblume mit Aussaat im Frühjahr. Alle Teile der Pflanze einschließlich der Samen sind giftig.

STANDORT

Licht Verträgt Sonne und Halbschatten.

DIGITALIS AUF EINEN BLICK

Eine winterharte Zweijährige mit hohen Blütenständen, auch für schattige Lagen geeignet. Verträgt Frost bis –15 °C.

Jan.	/
Febr.	/
März	/
April	säen
Mai	säen/umpfl.
Juni	säen/Blüte
Juli	Blütezeit
Aug.	kultivieren
Sept.	kultivieren
Okt.	pflanzen
Nov.	/
Dez.	/

EMPFOHLENE SORTEN

Digitalis purpurea:
'Alba'
'Excelsior Hybrids'
'Foxy Mixed'
'Giant Spotted Mixed'
'Glittering Prizes Mixed'
'Selected Mixed'
'Suttons Apricot'

Boden Gut durchlässige Böden vor dem Pflanzen mit reichlich verrottetem Stallmist oder Gartenkompost vermischen. Wind ausgesetzte Pflanzen müssen gestützt werden.

PFLEGE

Aussaat Samen werden von April bis Juni in Töpfe gesät und mit feuchtem Torf leicht abgedeckt. Ins Frühbeet stellen und Keimlinge einzeln in 9-cm-Töpfe umsetzen. Den Sommer hindurch kultivieren, in größere Töpfe umpflanzen, wenn ursprüngliche zu klein für den Wurzelballen werden. Im Oktober ins Freie verpflanzen. Die Hybride 'Foxy' wird im Februar ins geheizte Frühbeet gesät, im Mai ins Freie gesetzt und blüht noch im selben Sommer. Als winterharte Einjährige behandeln.

Düngen Solange die Pflanzen in Töpfen wachsen, alle zwei Wochen Flüssigdünger geben. Nicht austrocknen lassen. Bei Wachstumsbeginn bei Trockenheit reichlich gießen.

Probleme Keine bekannt.

BLÜTE

Blütezeit Ab Frühsommer.

Schnitt Als Schnittblume nur bedingt geeignet.

NACH DER BLÜTE

Pflege Nach der Blüte Stengel über den Blättern entfernen, dann treiben einige kurze Blütenstände noch einmal. Einige Pflanzen für die Selbstaussaat stehen lassen.

Dorotheanthus

Mesembryanthemum oder Mittagsblume

Die Mittagsblume braucht vollsonnige Lagen, denn ihre farbenprächtigen Blüten öffnen sich nur bei Sonnenschein. Man läßt den Pflanzen allseitig etwa 15 cm Platz, damit sie sich buschig entwickeln können und einen dichten Blütenteppich bilden.

Eigenschaften

Die polsterbildende Sommerblume eignet sich für sonnige Böschungen, Steingärten und gut entwässerten Kübel mit Einheitserde. Sie wird bis 30 cm breit und etwa 10 cm hoch. Die Blätter sind fleischig und blaßgrün, die asternähnlichen Blüten erscheinen in vielen Farbnuancen. Man zieht sie als frostempfindliche Einjahresblume. Alle Varietäten der *Dorotheanthus bellidiformis* schließen die Blütenkelche bei trübem Wetter und öffnen sich bei Sonne.

Dorotheanthus auf einen Blick

Eine Sommerblume mit margeritenähnlichen Blüten, die sich bei Sonne öffnen. Verträgt keinen Frost.

Jan.	/
Febr.	/
März	säen
April	säen/pikieren
Mai	auspflanzen
Juni	Blütezeit
Juli	Blütezeit
Aug.	Blütezeit
Sept.	Blütezeit
Okt.	/
Nov.	/
Dez.	/

Empfohlene Sorten

Dorotheanthus bellidiformis:
- 'Gelato Pink'
- 'Harlequin Mixed'
- 'Lunette' ('Yellow Ice')
- 'Magic Carpet Mixed'
- 'Sparkles'

Standort

Licht Volle Sonne. Nach Süden gerichtete Böschungen sind ideal.

Boden Gut entwässerter Boden Die Pflanze gedeiht am besten in leichter, sandiger Erde. Für Gefäßkulturen Komposterde mit 50 Prozent Sand vermischen.

Pflege

Aussaat Im März in 9-cm-Töpfe mit Einheitserde und nur leicht bedecken. Bei 18 °C Bodenwärme an einem hellen Ort zum Keimen bringen. Wenn die Keimlinge kräftig genug sind, in Multitopfplatten pikieren und kultivieren. Ende Mai zwei Wochen abhärten und nach dem letzten Frost in 15 cm Abstand ins Freie setzen.

Düngen Keine erforderlich. Nicht übergießen, sonst faulen die Wurzeln.

Probleme Junge Pflanzen mit Schneckenkorn vor Schneckenfraß schützen.

Blüte

Blütezeit Ab Hochsommer. Verwelkte Blüten entfernen, um die Weiterblüte zu sichern.

Schnitt Als Schnittblume ungeeignet.

Nach der Blüte

Pflege Nach Ende der Saison ausreißen und auf den Kompost geben.

ESCHSCHOLZIA

Goldmohn, Schlafmützchen

Bei Aussaat im Herbst blüht die Eschscholzia *zeitig im nächsten Frühjahr, zusammen mit* Euphorbia polychroma.

Heiße, von der Sonne ausgedörrte Lagen bieten ideale Voraussetzungen für den Kalifornischen Goldmohn.

EIGENSCHAFTEN

Mit ihren seidig glänzenden Blüten und dem fein gefiederten, bläulich grünen Laub eignet sich *Eschscholzia californica* am besten für große Beetflächen, gedeiht aber auch in Pflasterritzen und auf Kieswegen. Sie braucht trockene Böden und viel Sonne. Varietäten blühen in den Farben Gelb, Cremeweiß, Orange, Karminrot und Bronze. Sie werden 30 cm hoch und breit. Man kultiviert sie als frostharte Einjahresblume und sät sie am endgültigen Standort aus. Leicht zu ziehen und selbstaussäend.

ESCHSCHOLZIA AUF EINEN BLICK

Eine winterharte Sommerblume mit großen, mohnähnlichen Blüten für trockene Böden. Verträgt Frost bis –15 °C.

Jan.	/
Febr.	/
März	säen
April	ausdünnen
Mai	ausdünnen
Juni	Blütezeit
Juli	Blütezeit
Aug.	Blütezeit
Sept.	Blüte/säen
Okt.	/
Nov.	/
Dez.	/

EMPFOHLENE SORTEN

Eschscholzia californica:
- 'Apricot Bush'
- 'Apricot Chiffon'
- 'Apricot Flambeau'
- 'Dalli'
- 'Mission Bells Mixed'
- 'Prima Ballerina'
- 'Rose Bush'
- 'Thai Silk Mixed'

Eschscholzia lobbii:
- 'Moonlight'

STANDORT

Licht Heiße, vollsonnige Standorte, an denen viele andere Sommerblumen verkümmern würden. Blüht nur bei Sonnenschein.

Boden Leichte, lehmig-sandige Erde. Gute Entwässerung ist unentbehrlich. Böden brauchen nicht vorbereitet zu werden. Auf Stallmist oder Gartenkompost verzichten.

PFLEGE

Aussaat Im März oder September im Freien am endgültigen Standort. Verträgt kein Umpflanzen. Die Samenkörner dünn in 1 cm tiefe Furchen streuen und abdecken. Sämlinge auf Abstände von 10–15 cm verziehen. Nach dem Ausdünnen reichlich wässern, damit die Pflanzen gut wurzeln.

Düngen Nicht nötig. Bei Trockenheit gießen.

Probleme Nicht bekannt.

BLÜTE

Blütezeit Lange Blüte im Frühling und Sommer, wenn welke Blüten entfernt werden.

Schnitt Als Schnittblume geeignet, auch wenn sich die Blüten bei Dunkelheit schließen. Die Stengel lang abschneiden und gleich bis zu den ersten Knospen ins Wasser stellen.

NACH DER BLÜTE

Pflege Die Pflanze sät sich selbst aus und blüht im nächsten Frühjahr, häufig auf Einfahrten, Gartenwegen, an Wegrändern und zwischen Steinen.

Euphorbia

Schnee-auf-dem-Berge

Das charakteristische Merkmal dieser dekorativen Blattpflanze ist der breite weiße Rand der Blätter.

Als Topfpflanze kann Euphorbia marginata *in Gruppen von drei bis fünf Pflanzen auf Beeten und Rabatten stehen.*

Eigenschaften

Euphorbia marginata wird wegen der attraktiven, weiß geränderten Blätter kultiviert. Die Blüten sind eher unscheinbar. Die Pflanze wird 60–90 cm hoch und eignet sich für gemischte Rabatten. Man zieht sie als frostharte Einjährige. Der Milchsaft aller Wolfsmilchgewächse ist giftig.

Standort

Licht Braucht freie Standorte in voller Sonne.

Euphorbia auf einen Blick

Eine winterharte Einjahrespflanze, die wegen ihrer attraktiven Blätter geschätzt wird. Verträgt Frost bis –5 °C.

Jan.	/
Febr.	/
März	säen
April	ausdünnen
Mai	ausdünnen
Juni	Blütezeit
Juli	Blütezeit
Aug.	Blütezeit
Sept.	Blütezeit
Okt.	/
Nov.	/
Dez.	/

Empfohlene Sorten

Euphorbia marginata:
'Eiszapfen'

Boden Gut drainierte, leichte und nicht zu nährstoffreiche Böden wählen. Sandig-lehmige Böden sind am besten geeignet. Vor dem Pflanzen mit gut verrottetem organischem Material vermischen, um die Feuchtigkeit im Boden zu halten.

Pflege

Aussaat Im März ins Freie, wo die Pflanze wachsen soll. Umsetzen würde den Wurzeln schaden. Samen in 1 cm tiefe Furchen dünn ausstreuen und bedecken. Sämlinge bis Frühsommer auf 15–30 cm Abstand verziehen. In exponierten Lagen Reiser als Stützen verwenden. Andere Möglichkeit: In Multitopfplatten im Frühbeet säen und im Mai ins Freie setzen.

Düngen Kommt ohne Zusatzdüngung aus.

Probleme Spezifische Schädlinge oder Krankheiten sind nicht bekannt.

Blüte

Blütezeit Ab Frühsommer.

Schnitt Für Gestecke geeignet, aber wegen des giftigen Milchsafts nicht unbedingt zu empfehlen.

Nach der Blüte

Pflege Im Spätsommer und Herbst die welken Pflanzen entfernen, aber einige für die Selbstaussaat stehen lassen.

GAZANIA

Gazanie, Mittagsgold

Manche Gazania-*Arten haben markant gezeichnete Blütenblätter.*

In Gebieten mit gemäßigtem Klima und milden Wintern kann man das Mittagsgold ganzjährig im Freien lassen.

EIGENSCHAFTEN

Gazania-Hybriden werden meist einjährig kultiviert. Es gibt sie in vielen Farben von Zartrosa über Cremeweiß bis kräftig Rot und Dunkelrotbraun. Moderne Arten mit gestreiften Blütenblättern wirken sehr attraktiv. Alle haben Augen in kontrastierenden Farben. Die frostempfindliche Einjahresblume eignet sich für Beete und Kübel und als Zwergmischung auch für Balkonkästen. Die Blüten schließen sich bei trübem Wetter, aber neue Züchtungen wie 'Daybreak Bright Orange' bleiben länger offen. Höhe und Breite etwa 30 cm.

STANDORT

Licht Sonniger Standort, möglichst heiß.

GAZANIA AUF EINEN BLICK

Sonneliebende Einjahresblume mit leuchtenden Blüten für Beete und Gefäßkulturen. Verträgt Frost bis –5 °C.

Jan.	/
Febr.	/
März	säen
April	umpflanzen
Mai	pflanzen
Juni	Blütezeit
Juli	Blütezeit
Aug.	Blütezeit
Sept.	Blütezeit
Okt.	/
Nov.	/
Dez.	/

EMPFOHLENE SORTEN

Gazania rigens:
'Chansonette'
'Chansonette Pink Shades'
'Daybreak Bright Orange'
'Daybreak Red Stripe'
'Harlequin Hybrids'
'Mini Star Mixed'
'Sundance Mixed'
'Talent'

Boden Gut drainierte, magere Böden, sonst sprießt nur das Laub. Beste Ergebnisse erzielt man auf sandig-lehmigen Böden. Für Gefäßkulturen Tontöpfe verwenden und Einheitserde mit grobem Sand vermischen, um die Entwässerung zu fördern.

PFLEGE

Aussaat Im März in Anzuchtschalen bei 20 °C Bodenwärme an einem hellen Ort. Die Samen nur leicht bedecken. Nach 1–2 Wochen erscheinen die Keimlinge und werden, sobald sie kräftig genug sind, in Multitopfplatten pikiert und im Kleingewächshaus oder Wintergarten kultiviert. Im Mai abhärten und in etwa 30 cm Abstand ins Freie pflanzen. In Gefäßen mit gemischter Bepflanzung darauf achten, daß die Gazanie nicht im Schatten steht.

Düngen Nur wässern, wenn die Erde auszutrocknen beginnt. Kübelpflanzen bei länger anhaltendem Regen geschützt stellen.

Probleme Schnecken mit Schneckenkorn bekämpfen. Sonst keine bekannt.

BLÜTE

Blütezeit Den ganzen Sommer hindurch. Verwelktes entfernen, für eine kräftige Weiterblüte.

Schnitt Als Schnittblumen nicht geeignet.

NACH DER BLÜTE

Pflege Gesunde, üppig blühende Pflanzen kann man erhalten, wenn man sie im Herbst aus dem Boden nimmt, eintopft und an einem frostgeschützten Ort überwintern läßt. Im Frühling kann man Stecklinge in Töpfen bewurzeln und danach ins Freie setzen.

Godetia

Atlasblume

Das breite Farbenspektrum der Altlasblume kommt besonders gut zur Geltung, wenn man sie breitflächig aussät.

In voller Blüte bietet die Atlasblume einen prachtvollen Anblick.

Eigenschaften

Godetia amoena und *G. grandiflora* sind in vielen Arten und Farben erhältlich. Die frostharte Blume kann im Frühling oder Herbst ausgesät werden. In letzterem Fall wird sie kräftiger und blüht früher. Höhe 20–90 cm. Pflegeleichte Sommerblume, die sich auf trockenen, mageren Böden am besten entwickelt.

Godetia auf einen Blick

Die Einjahresblume wird vor allem wegen ihrer einfachen und gefüllten Blüten geschätzt. Verträgt Frost bis –15 °C.

Jan.	/
Febr.	/
März	säen
April	säen
Mai	ausdünnen
Juni	Blütezeit
Juli	Blütezeit
Aug.	Blütezeit
Sept.	Blüte/säen
Okt.	/
Nov.	/
Dez.	/

Empfohlene Sorten

Godetia-Hybriden:

Hochwüchsige Sorten
- 'Duke of York'
- 'Grace Mixed'
- 'Schamini Carmine'
- 'Sybil Sherwood'

Zwergsorten
- 'Charivari'
- 'Lilac Pixie'
- 'Precious Gems'
- 'Satin F_1-Hybriden'

Standort

Licht Freie Lagen in voller Sonne.

Boden Magerer Boden, aber gut drainieren.

Pflege

Aussaat März/April oder im September an den endgültigen Standort aussähen, die flachen Furchen im Abstand von 15 cm ziehen. Die Sämlinge je nach Sorte auf 15–30 cm verziehen. Im Herbst ausgesäte Pflanzen werden erst im folgenden Frühjahr ausgedünnt, um Frostschäden auszumerzen.

Düngen Nicht erforderlich.

Probleme Bei zuviel Feuchtigkeit faulen die Wurzeln, und die Pflanze stirbt.

Blüte

Blütezeit Bei Herbstaussaat ab Mai des folgenden Jahres. Im Frühling gesäte Blumen blühen ab Juni.

Schnitt Ausgezeichnete Schnittblume, besonders die hohen Sorten wie 'Schamini Carmine' und 'Grace Mixed'. In Reihen kultivieren.

Nach der Blüte

Pflege Nach dem Verblühen Pflanzen entfernen. Einige für die Selbstaussaat stehen lassen.

Gomphrena
Kugelamaranth

'Strawberry Fields' ist eine hochwüchsige Gomphrena-*Hybride mit hohen Stengeln und tiefroten Kugelblüten.*

Der Kugelamaranth eignet sich gut für Wegränder und Einfassungen und ist eine hervorragende Schnittblume.

Eigenschaften

Die kälteempfindliche Sommerblume wird je nach Sorte 30–75 cm hoch. Die runden, lackartig glänzenden Blüten in Rot, Purpurviolett, Rosa und Weiß sind für Rabatten und als Schnittblumen geeignet. Als Trockenblumen behalten sie ihre Farbkraft. Für Balkonbepflanzungen eignen sich die nur 15 cm hohen 'Buddy'-Sorten.

Gomphrena auf einen Blick

Eine wegen ihrer wie Lack glänzenden, kugeligen Blütenköpfchen geschätzte Sommerblume. Verträg keinen Frost.

Jan.	/
Febr.	/
März	säen
April	umpflanzen
Mai	pflanzen
Juni	Blütezeit
Juli	Blütezeit
Aug.	Blütezeit
Sept.	Blütezeit
Okt.	/
Nov.	/
Dez.	/

Empfohlene Sorten

Gomphrena globosa:
- 'Buddy'
- 'Full Series'
- 'Gemini Mixed'
- 'Globe Amaranth'
- 'Quis Mixed'

Gomphrena-Hybriden:
- 'Strawberry Fields'

Standort

Licht Braucht luftige, sonnige Lagen.

Boden Gut durchlässige Böden, angereichert mit verrottetem Mist oder Gartenkompost.

Pflege

Aussaat Im März in Töpfe mit Einheitserde. Samen nur leicht bedecken. Einige Tage vorher einweichen, um die Keimung zu fördern. Dunkel stellen und bei 18 °C Bodenwärme. Häufig nachsehen; die Keimlinge erscheinen nach etwa zwei Wochen. In Multitopfplatten pikieren, unter Folie weiterkultivieren, Ende Mai abhärten und nach dem letzten Frost in 25–30 cm Abstand ins Freie setzen.

Düngen Monatlich flüssigdüngen.

Probleme Nicht bekannt.

Blüte

Blütezeit Ab Hochsommer bis in den Herbst hinein.

Schnitt Für die Vase und als Trockenblume geeignet. Im Spätsommer trocknen .

Nach der Blüte

Pflege Nach der Blüte ausreißen und auf den Kompost geben.

Gypsophila

Schleierkraut, Gipskraut

Wie eine weiße Wolke liegt das Schleierkraut auf dem Gartenbeet. Es blüht den ganzen Sommer über, wenn man von April bis Juni alle zwei Wochen einige Samen ausstreut.

Eigenschaften

Die wintergrünen Sorten von *Gypsophila elegans* werden bis 60 cm hoch und breit. An den verästelten Stengeln wachsen viele kleine Sternblüten in Nuancen von Rosa und Rot sowie Weiß. Schleierkraut wird häufig für Bumengestecke und als Lückenfüller in Beeten verwendet. Die Zwergsorte *Gypsophila muralis*, das Mauer-Gipskraut, eignet sich für Gefäßkulturen und Trockenmauern und wird verbreitet als Steingartenpflanze geschätzt.

Gypsophila auf einen Blick

Gypsophila ist eine frostharte Einjahresblume für Beete und zum Schnitt. Verträgt Frost bis –15 °C.

Jan.	/
Febr.	/
März	/
April	säen
Mai	ausdünnen
Juni	Blütezeit
Juli	Blütezeit
Aug.	Blütezeit
Sept.	Blüte/säen
Okt.	/
Nov.	/
Dez.	/

Empfohlene Sorten

Gypsophila elegans:
- 'Bright Rose'
- 'Colour Blend'
- 'Covent Garden'
- 'Kermesina'
- 'Monarch White'
- 'Rosea'
- 'Schneefontäne'
- 'White Elephant'

Gypsophila muralis:
- 'Garden Bride'

Standort

Licht Schleierkraut braucht vollsonnige Lagen.

Boden Gut durchlässige, drainierte Böden. Gedeiht auch auf felsigen Standorten. Vor dem Pflanzen verrotteten Stallmist oder Gartenkompost unter die Erde mischen. Gefäßkulturen in Einheitserde setzen.

Pflege

Aussaat Am Standort. Im April 1 cm tiefe Furchen ziehen, dünn aussäen und die Sämlinge auf 10–15 cm Abstand vereinzeln, damit die Pflanzen genügend Platz haben. Aussaat im September ergibt im darauf folgenden Frühjahr kräftigere Pflanzen. Erst nach dem Winter ausdünnen.

Düngen Bei gut vorbereiteten Böden in der Regel nicht erforderlich. In Trockenperioden gut wässern. Kübel nicht austrocknen lassen.

Probleme In schweren Böden können junge Pflanzen faulen.

Blüte

Blütezeit Bei Aussaat im Frühjahr ab Juni. Die im Herbst ausgesäten Pflanzen blühen einige Wochen früher.

Schnitt Ausgezeichnete Schnittblume.

Nach der Blüte

Pflege Nach der Blüte die Pflanzen ausreißen und auf den Kompost geben.

HELIANTHUS

Sonnenblume

Die Sonnenblume hat eine große Scheibe, deren nahrhafte Samen im Herbst die Vögel in Scharen anlocken.

'Pacino' ist eine moderne Züchtung von Helianthus annuus, *die nur 45 cm hoch wird.*

EIGENSCHAFTEN

Sonnenblumen erreichen je nach Sorte eine Höhe zwischen 40 cm und 2–3 m. Man kann Sie als Beetblumen, für Kübel und als Schnittblume verwenden. Die Blüten sind einfach oder gefüllt und buschig wie die Zwergzüchtung 'Teddy'. Die Farbskala reicht von Hellgelb bis Gold- und Dunkelgelb. Einjährige Sonnenblumen blühen ab Hochsommer bis in den Herbst. Bestimmte Züchtungen wie 'Prado Sun & Fire' enthalten keinen Blütenstaub und eigenen sich gut als Schnittblumen.

STANDORT

Licht Vollsonnige, windgeschützte Lagen.

Boden Gedeiht in lehmig-sandiger Gartenerde

HELIANTHUS AUF EINEN BLICK

Von dieser stattlichen Einjahresblume gibt es hohe und niedrige Sorten. Verträgt Frost bis –15 °C.

Jan.	/
Febr.	/
März	säen
April	ausdünnen
Mai	stützen
Juni	Blütezeit
Juli	Blütezeit
Aug.	Blütezeit
Sept.	Blütezeit
Okt.	/
Nov.	/
Dez.	/

EMPFOHLENE SORTEN

Helianthus annuus:

Hochwüchsige Sorten
'Italian White'
'Pastiche'
'Velvet Queen'

Kübelpflanzen
'Big Smile'
'Pacino'

Gefüllte Blüten
'Orange Sun'
'Sungold Double'
'Teddy Bear'

mit reichlich verrottetem Stallmist oder Gartenkompost, um das Wachstum zu fördern und größere Blüten hervorzubringen. In Gruppen gepflanzte Blumen stützen sich gegenseitig, aber an exponierten Standorten sind Stützen erforderlich. Für Gefäßkulturen Einheitserde mit Langzeitdünger anreichern.

PFLEGE

Aussaat Im April ins Beet. Die Pflänzchen auf 15 cm ausdünnen und nur die kräftigsten stehen lassen. Man kann auch jeweils drei Samenkörner in 9-cm-Töpfe mit Einheitserde geben und die Sämlinge bis auf einen verziehen. Wenn der Wurzelballen den Topf ausfüllt, ins Freie umsetzen. Die Pflanzabstände richten sich nach der Höhe der Sorten.

Düngen Gewöhnlich kommt man ohne Zusatzdüngung aus, aber bei langanhaltender Trokkenheit gut wässern.

Probleme Junge Pflanzen vor Schneckenfraß schützen. Schneckenkorn streuen.

BLÜTE

Blütezeit Vom Sommer bis in den Frühherbst.

Schnitt Eine gute Schnittblume. Hohe Vasen verwenden und notfalls beschweren. Wenn die Pollen allergische Reaktionen auslösen, empfiehlt sich die Anzucht von blütenstaubfreien Züchtungen.

NACH DER BLÜTE

Pflege Verwelkte Blütenköpfe wegen der Samen als Vogelfutter im Winter stehen lassen. Später schneidet man die Stengel ab und reißt die Wurzeln heraus.

HELICHRYSUM
Strohblume

Als Trockenblume schneidet man Helichrysum, *solange die Blütenblätter noch einwärts gebogen sind.*

Die Strohblume mit ihren leuchtenden Farben kommt am besten zur Geltung, wenn man sie in Gruppen pflanzt.

EIGENSCHAFTEN

Strohblumen sind Hybriden von *Helichrysum bracteatum* und werden 15–60 cm hoch. Sie sind leicht zu kultivierende mit festen Stengeln und gefüllten Blüten in vielen Farbabstufungen. Die Blütenblätter fühlen sich steif und strohig an. Zwergsorten eignen sich gut für Gefäßkulturen. Eine frostempfindliche Einjahresblume.

STANDORT

Licht Warme, vollsonnige Lagen.

HELICHRYSUM AUF EINEN BLICK

Vor allem als haltbare Trockenblume geschätzte Einjahresblume. Verträgt keinen Frost.

Jan.	/
Febr.	/
März	säen
April	pikieren
Mai	pflanzen
Juni	Blütezeit
Juli	Blütezeit
Aug.	Blütezeit
Sept.	Blüte/Schnitt
Okt.	Blüte/Schnitt
Nov.	/
Dez.	/

EMPFOHLENE SORTEN

Helichrysum bracteatum:

Hochwüchsige Sorten
- 'Drakkar Pastel Mixed'
- 'Monstrosum Double Mixed'
- 'Pastel Mixed'
- 'Swiss Giants'

Zwergsorten
- 'Bright Bikini'
- 'Chico Mixed'

Boden Gut durchlässige Böden, angereichert mit verrottetem Stallmist oder Gartenkompost. Für Gefäßkulturen Einheitserde verwenden und mit Langzeitdünger vermischen. Hochwüchsige Sorten müssen gestützt werden.

PFLEGE

Aussaat Im März in 9-cm-Töpfe mit Einheitserde. Bei 18 °C zum Keimen bringen. Wenn die Keimlinge kräftig genug sind, in Multitopfplatten pikieren, Ende Mai abhärten und je nach Sorte mit 15–60 cm Abstand auspflanzen. Im Mai kann man die Samen auch ins endgültige Beet in Furchen ausstreuen und auf den erforderlichen Abstand verziehen. In Kübeln 2–3 Pflanzen in Gruppen setzen.

Düngen Keine Zusatzdüngung, Gefäßkulturen müssen aber regelmäßig gegossen werden.

Probleme Mehltau erfordert keine Behandlung.

BLÜTE

Blütezeit Frühsommer bis Hochsommer.

Schnitt Schneiden, wenn die Blütenblätter noch einwärts gebogen sind. Die Büschel kopfüber an einen trockenen, luftigen Ort hängen. Trockenblumen halten lange.

NACH DER BLÜTE

Pflege Soviel Blumen abschneiden, wie man braucht, den Rest ausreißen.

Helipterum

Sonnenflügel

Wenn die Pflanze in voller Blüte steht, hängt man sie zum Trocknen auf. Die Blüten nach Bedarf einzeln schneiden.

Die Pflanzen werden auf 15–30 cm Abstand ausgedünnt, damit sie sich in ihrer Entwicklung nicht behindern.

Eigenschaften

Die papierartigen, margeritenähnlichen, halbgefüllten und gefüllten Blumen blühen überwiegend in Rosatönen und Weiß. Die Pflanze wird 30–45 cm hoch und eignet sich für Rabatten und Einfassungen sowie als Trockenblume. Hier ist sie auch unter den Namen »Immortelle« bekannt.

Standort

Licht Die australische Pflanze braucht Sonne.

Helipterum auf einen Blick

Die kälteempfindliche Einjahresblume ist vor allem wegen ihrer papierartigen Blüten beliebt. Verträgt keinen Frost.

Jan.	/
Febr.	/
März	/
April	säen
Mai	säen/ausdün.
Juni	Blütezeit
Juli	Blütezeit
Aug.	Blüte/Schnitt
Sept.	Blüte/Schnitt
Okt.	/
Nov.	/
Dez.	/

Empfohlene Sorten

Helipterum-Hybriden:
- 'Bonny'
- 'Double Mixed'
- 'Goliath'
- 'Pierrot'
- 'Special Mixed'

Boden Gut durchlässige, drainierte Böden ohne besondere Vorbereitung. Beste Ergebnisse erzielt man auf mageren Böden, die den Wachstumsbedingungen der Pflanze entsprechen. Am vorteilhaftesten sind heiße, windgeschützte Standorte.

Pflege

Aussaat Im April und Mai ins Beet. Im Abstand von 15 cm 1 cm tiefe, kurze Furchen ziehen. Im Frühsommer die Sämlinge auf 15–30 cm Abstand ausdünnen. Nur in Trockenperioden wässern. Sobald sich die Knospen bilden, nicht mehr gießen.

Düngen Nicht erforderlich.

Probleme Die Pflanze gedeiht nicht auf schweren, feuchten Böden, die sich im Frühjahr nur langsam aufwärmen. Besser geeignet sind Hochbeete mit guter Entwässerung.

Blüte

Blütezeit Die Blüte ist nur kurz, aber als Trockenblume lange haltbar.

Schnitt Für Trockensträuße ideal. Gleich nach dem Öffnen der Blüten schneiden und zum Trocknen an luftigem Ort aufhängen.

Nach der Blüte

Pflege Sät sich manchmal selbst aus. Was zum Trocknen nicht benötigt wird, im Herbst ausreißen und kompostieren.

IBERIS
Schleifenblume

Die Schleifenblume ist in Farbmischungen erhältlich. Jede der 5 cm großen Blüten besteht aus kleinen Einzelblüten.

Iberis umbellata *blüht in vielen Einzelfarben – auf unserem Bild in Weiß. Die Blüten verströmen süßlichen Duft.*

EIGENSCHAFTEN

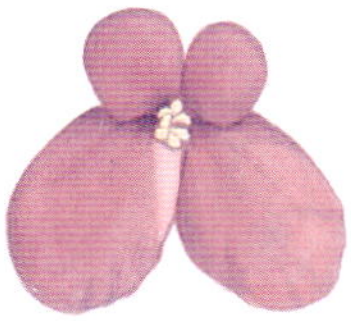

Die schnellwüchsigen Hybriden von *Iberis umbellata* werden kaum über 30 cm hoch. Die einjährige Pflanze mit dichten, flachen Blütenständen präsentiert sich in Nuancen von Rosa, Rot, Purpur und Weiß. Sie gedeiht auch auf mageren Böden, sät sich selbst aus und erscheint in Plattenfugen und auf Kieswegen. Bei Aussaat zeitig im Frühjahr entwickeln sich die Pflanzen am kräftigsten.

STANDORT

Licht Offene Lagen mit viel Sonne.

Boden Obwohl die Pflanze auch auf mageren Böden gut gedeiht, empfiehlt es sich, verrotteten Stallmist oder Gartenkompost unter die Krume zu mischen, damit der Boden die Feuchtigkeit hält. Dann braucht man im Sommer nur selten zu gießen.

IBERIS AUF EINEN BLICK

Iberis hat leuchtende, duftende Blüten und eignet sich für Beetbepflanzungen. Verträgt Frost bis –15 °C.

Jan.	/
Febr.	/
März	säen
April	säen
Mai	ausdünnen
Juni	Blütezeit
Juli	Blütezeit
Aug.	Blütezeit
Sept.	säen
Okt.	/
Nov.	/
Dez.	/

EMPFOHLENE SORTEN

Iberis umbellata:
'Märchenzauber'
'Fantasia Mixed'
'Flash Mixed'
'Spangles'

PFLEGE

Aussaat März/April ins endgültige Freilandbeet. Runde Flächen mit Sand markieren und in 15 cm Abstand kurze, parallele, 1 cm tiefe Furchen ziehen. Die Samenkörner dünn ausstreuen und mit lockerer Erde bedecken. Nach 2–3 Wochen erscheinen die Keimlinge. Bis Frühsommer werden die Pflänzchen auf 10–15 cm Abstand vereinzelt. Bei Aussaat im September erscheint die Blüte früher.

Düngen Zusatzdüngung nicht erforderlich. Wässern im Frühsommer verhindert, daß die Blüte vorzeitig einsetzt, und sorgt für größere Blüten.

Probleme Wegen der Verwandtschaft mit Kohlarten kann die Umfallkrankheit auftreten. Man kann abhelfen, indem man zeitig im Frühjahr einige Samenkörnchen in 9-cm-Töpfe mit Einheitserde sät, kräftige Pflänzchen im Frühsommer ins Beet auspflanzt.

BLÜTE

Blütezeit Ab Frühsommer.

Schnitt Die noch nicht voll entwickelten Blüten früh am Tag schneiden, in Wasser sich vollsaugen lassen, dann in die Vase stellen.

NACH DER BLÜTE

Pflege Wenn man die Stengel nach der Blüte zurückschneidet und flüssigdüngt, kann sich ein zweiter Flor bilden. Die Pflanze sät sich selbst aus.

Impatiens

Fleißiges Lieschen, Springkraut

Die sich üppig ausbreitende, großblumige 'Accent Mixed' ist ein ausgezeichneter Bodendecker.

Die Neu-Guinea-Hybriden lassen sich mit anderen Arten wie der kleinblütigen 'Mosaic Lilac' gut kombinieren.

Eigenschaften

Das Fleißige Lieschen gedeiht in der Sonne wie auch im Halbschatten und eignet sich für Beete, Kübel, Balkonkästen und Ampeln. Es gibt sehr großblumige Hybriden wie die 'Verbesserte Kamelien-Prachtmischung' und halbgefüllte wie 'Rosenmischung' in vielen Farben. Die Neu-Guinea-Hybriden in kräftigen Tönen von Orange, Pink und Violett werden etwa 30 cm hoch. Alle *Impatiens*-Sorten sind frostempfindlich, und die Anzucht aus Samen bedarf einiger Erfahrung. Im Frühjahr gibt es fertige Jungpflanzen.

Impatiens auf einen Blick

Einjahresblume mit schönen Blüten für Beete, Kübel und Ampeln. Verträgt keinen Frost.

Jan.	/
Febr.	säen
März	säen
April	kultivieren
Mai	pflanzen
Juni	Blütezeit
Juli	Blütezeit
Aug.	Blütezeit
Sept.	Blütezeit
Okt.	Blütezeit
Nov.	/
Dez.	/

Empfohlene Sorten

Fleißige Lieschen:
- 'Accent Mixed'
- 'Bruno'
- 'Mosaic Rose'
- 'Super Elfin Mixed'

Neu Guinea-Hybriden:
- 'Firelake Mixed'
- 'Spectra'
- 'Tango'

Impatiens balsamifera:
- 'Tom Thumb Mixed'

Standort

Licht Volle Sonne und Halbschatten.

Boden Gut durchlässige Böden, angereichert mit verrottetem Stallmist oder Gartenkompost. Nur an windgeschützten Stellen pflanzen. Bei Gefäßkulturen Langzeitdünger unter die Pflanzerde mischen.

Pflege

Aussaat Ende Februar/März in 9-cm-Töpfe mit Anzuchterde (Kulturanweisungen auf den Samentüten beachten). Hauben oder heizbare Anzuchtschalen verwenden, hell stellen und 21–24 °C Bodenwärme einhalten. Die Keimlinge erscheinen nach 2–3 Wochen und werden, wenn sie 2–3 cm hoch sind, in Multitopfplatten pikiert. Kultivieren, abhärten und nach dem letzten Frost mit 15–30 cm Abstand aussetzen.

Düngen Alle zwei Wochen flüssigdüngen.

Probleme Sämlinge können von der Umfallkrankheit befallen werden. Mit geeigneten Fungiziden spritzen.

Blüte

Blütezeit Die Knospen erscheinen schon vor dem Auspflanzen und blühen den ganzen Sommer. Verwelkte Blüten entfernen.

Schnitt Als Schnittblume ungeeignet.

Nach der Blüte

Pflege Nach der Blüte zum Kompost geben.

Ipomoea

Prunkwinde, Trichterwinde

Die Prachtwinde 'Heavenly Blue' sieht beeindruckend aus, wenn man sie an einer Wirtpflanze emporranken läßt.

Eigenschaften

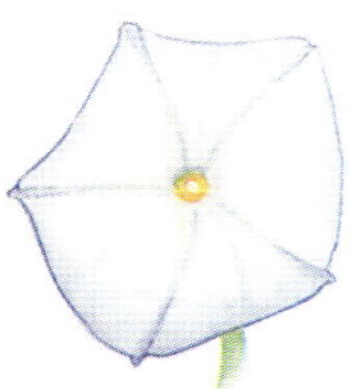

Es gibt eine große Auswahl von Sorten dieser prachtvollen Kletterpflanze. Sehr beliebt und weit verbreitet ist die früh blühende hellblaue 'Heavenly Blue', andere blühen karmesinrot, rosa, hellviolett, schokoladenbraun und weiß. Es gibt auch gestreifte und doppelt gefüllte wie 'Murasaki Jishi'. Morgens öffnen sich die Blüten und blühen nachmittags ab. Am nächsten Tag wiederholt sich das Schauspiel. Die Pflanzen werden 3–4 m hoch und ranken auch an Gehölzen. Die Samen sind giftig.

Ipomoea auf einen Blick

Eine einjährige Kletterpflanze, deren Trichterblumen sich am Morgen öffnen. Verträgt keinen Frost.

Jan.	/
Febr.	/
März	/
April	säen
Mai	kultivieren
Juni	pflanzen
Juli	Blütezeit
Aug.	Blütezeit
Sept.	Blütezeit
Okt.	/
Nov.	/
Dez.	/

Empfohlene Sorten

Ipomoea-Hybriden:
- 'Cardinal'
- 'Chocolate'
- 'Early Call Mixed'
- 'Flying Saucers'
- 'Grandpa Otts'
- 'Heavenly Blue'
- 'Mini Sky–Blue'
- 'Murasaki Jishi'
- 'Scarlet O'Hara'

Standort

Licht Brauchen Sonne den ganzen Tag über.

Boden Vor dem Pflanzen verrotteten Stallmist oder Gartenkompost unter die Krume mischen. Für Gefäßkulturen Einheitserde mit Langzeitdünger nehmen. Alle Sorten brauchen Windschutz und Kletterhilfen.

Pflege

Aussaat Eine Nacht vor der Aussaat die Samen in warmem Wasser einweichen. Im April einzeln in 9-cm-Töpfe. 2–3 cm tief in die Erde geben. Bodenwärme bei mindestens 21 °C halten und ins Licht stellen, wenn nach 1–2 Wochen die Keimlinge erscheinen. Während des Kultivierens warm halten. Sobald die Wurzeln die Töpfe ausfüllen, in größere umsetzen. Junge Pflanzen abstützen. Ende Mai behutsam abhärten und im Juni ins Freie verpflanzen.

Düngen Monatlich kaliumbetonter Mineraldünger.

Probleme Sämlinge dürfen nicht zu kalt stehen. Gegen Befall der Blätter durch die Rote Spinne mit Mineralöl spritzen.

Blüte

Blütezeit Sommer.

Schnitt Als Schnittblumen ungeeignet.

Nach der Blüte

Pflege Nach der Blüte auf den Kompost geben.

Kochia

Sommerzypresse

Die Sommerzypresse ist eine Laubpflanze, ähnelt aber einer Zwergkonifere. Im Frühherbst färbt sich das Laub rot.

Die Sommerzypresse eignet sich als Blickfang in einem Blumenbeet mit roten Tabakblumen und Greiskraut.

Eigenschaften

Die Sommerzypresse ist eine frostempfindliche einjährige Blattpflanze und wird bis 90 cm hoch. Das zypressenähnliche, blaßgrüne Laub ist zart und fiedrig. Die Sorte 'Trichophylla' hat sehr schmale Blätter. Im Herbst färbt sich das Laub rot. Die Blätter der Züchtung 'Green Bunch' bleiben grün. Gruppen aus 2–3 Pflanzen oder einzeln ins gemischte Beet setzen.

Kochia auf einen Blick

Eine einjährige Blattpflanze mit hellgrünen Blättern, die sich im Herbst rot verfärben. Verträgt keinen Frost.

Jan. /
Febr. säen
März säen
April kultivieren
Mai pflanzen
Juni Laub
Juli Laub
Aug. Laub
Sept. Laub
Okt. Laub
Nov. /
Dez. /

Empfohlene Sorten

Kochia scoparia:
'Trichophylla'

Grünes Laub
'Evergreen'
'Green Bunch'

Standort

Licht Braucht volle Sonne.

Boden Boden muß feucht sein, aber stauende Nässe vermeiden. Verrotteten Stallmist oder Gartenkompost untergraben.

Pflege

Aussaat März/April in Töpfe mit feuchter Anzuchterde, aber nicht bedecken (Kulturanweisungen beachten). An einem hellen Ort bei 16 °C Bodenwärme zum Keimen bringen. Die Keimlinge erscheinen nach 2–3 Wochen und werden, wenn sie kräftig genug sind, einzeln in Töpfe umgepflanzt. Ende Mai abhärten und nach dem letzten Frost ins Freie setzen. Abstand 60 cm. Auch für eine niedrige Hecke geeignet.

Düngen 2–3 Wochen nach dem Pflanzen gründlich wässern. Düngung ist nicht erforderlich.

Probleme Keine bekannt.

Blüte

Blütezeit Keine Blüte. Die Blätter bleiben bis zum ersten Frost an den Stengeln.

Schnitt Zum Schneiden ungeeignet.

Nach der Blüte

Pflege Im Herbst ausreißen und kompostieren.

LATHYRUS
Duftwicke

Die Duftwicke ist eine der dankbarsten Sommerblumen, denn sie eignet sich auch für den Schnitt.

Die rankenden Züchtungen von Lathyrus odoratus *ergeben einen farbenfrohen, angenehm duftenden Sichtschutz.*

EIGENSCHAFTEN

Das Angebot an Varietäten von *Lathyrus odoratus*, der Wohlriechenden Wicke, ist groß und zerfällt in zwei Grundsorten: die Kletterpflanzen, die über 2 m hoch wachsen und als Schnittblumen sowie als Sichtschutz verwendet werden, und die Zwergsorten mit bis 90 cm Höhe für die Beetbepflanzung und Gefäßkulturen. Aber nicht alle Wicken duften. Achten Sie deshalb beim Samenkauf auf die Beschreibung und wählen Sie duftende Prachtmischungen in Farben wie Weiß, Rosa, Rot, Hellviolett, Orange und Blau.

STANDORT

Licht Vollsonnige Standorte.

LATHYRUS AUF EINEN BLICK

Eine einjährige Kletterpflanze, häufig mit duftenden Blüten, auch für die Vase. Verträgt Frost bis –15 °C.

Jan.	/
Febr.	/
März	säen
April	kultivieren
Mai	pflanzen
Juni	Blütezeit
Juli	Blütezeit
Aug.	Blütezeit
Sept.	Blütezeit
Okt.	säen
Nov.	/
Dez.	/

EMPFOHLENE SORTEN

Lathyrus odoratus:

Hochwüchsig, duftend
- 'Bouquet Mixed'
- 'Great Expectations'
- 'Old Fashioned Mixed'
- 'Old Spice Mixed'

Zwergsorten
- 'Explorer'
- 'Fantasia Mixed'
- 'Jet-Set Mixed'

Boden Gut durchlässige, humose Böden. Im Herbst vor der Aussaat oder dem Pflanzen verrotteten Stallmist oder Gartenkompost in die Krume einarbeiten. Die kletternden Sorten benötigen Kletterhilfen. Für Gefäßkulturen Einheitserde verwenden.

PFLEGE

Aussaat Februar/März einzeln in Töpfe. Im Frühbeet oder an einem geschützten Platz im Freien keimen lassen. Samenschale einkerben oder anfeilen und 2–3 cm tief in Anzuchterde stecken. Wenn die Jungpflanzen 10 cm hoch sind, Mitteltriebe entspitzen, damit sie buschig werden. Im Freien kultivieren und im Mai verpflanzen, die Kletterpflanzen mit 30 cm Abstand, die niedrigeren Sorten für Kübel mit 15–30 cm.

Düngen Monatlich mit kaliumreichem organischem Dünger. In Trockenperioden gründlich wässern.

Probleme Gegen Wühlmäuse Fallen aufstellen. Wenn im Sommer Mehltau auftritt, mit einem spezifischen Fungizid spritzen.

BLÜTE

Blütezeit Bei Aussaat im Oktober läßt man die Pflanzen überwintern. Die Blüte beginnt im Frühsommer. Im Frühjahr ausgesäte Pflanzen blühen von Juni an.

Schnitt Schneiden, sobald sich die Knospen öffnen, und bis zum Hals ins Wasser stellen.

NACH DER BLÜTE

Pflege Im Herbst dicht über dem Boden abschneiden und die stickstoffreichen Wurzeln in der Erde verrotten lassen.

LAVATERA

Bechermalve

'Silver Cup' ist eine verbreitete Sorte der einjährigen Bechermalve mit zart geäderten, rosa Blüten.

Die Bechermalve eignet sich gut für gemischte Beete und kann unmittelbar am Standort ausgesät werden.

EIGENSCHAFTEN

Die einjährige Malve blüht weiß, rosa, pink und rot und wird je nach Sorte etwa 60 bis 120 cm hoch. Die Blütezeit dauert von Mitte Juni bis zum ersten Frost. Wegen ihres strauchähnlichen, buschigen Wuchses eignet sie sich als Solitär in Blumenbeeten wie auch für die Pflanzung in Gruppen. Die Blüten dieser Pflanze lassen sich auch gut für die Vase verwenden.

LAVATERA AUF EINEN BLICK

Strauchartige, hochwüchsige, frostharte Einjährige mit großen Blüten bis in den Herbst. Verträgt Frost bis –15 °C.

Jan.	/
Febr.	/
März	säen
April	säen/ausdün.
Mai	säen/ausdün.
Juni	Blütezeit
Juli	Blütezeit
Aug.	Blütezeit
Sept.	Blütezeit
Okt.	/
Nov.	/
Dez.	/

EMPFOHLENE SORTEN

Lavatera trimestris:
- 'Beauty Mixed'
- 'Dwarf White Cherub'
- 'Loveliness'
- 'Mont Blanc'
- 'Mont Rose'
- 'Parade Mixed'
- 'Pink Beauty'
- 'Ruby Regis'
- 'Silver Cup'

STANDORT

Licht Volle Sonne den ganzen Tag über.

Boden Braucht gut durchlässige, aber nicht unbedingt nahrhafte Böden. Gedeiht sogar besser in leichter, sandiger Erde.

PFLEGE

Aussaat Von März bis Mai ins Freie. Je früher man aussät, desto früher blüht sie. Etwa 60 cm breite runde Flächen markieren und die Samenkörner in kurze, 1 cm tiefe Furchen ausstreuen. Bis Frühsommer die Sämlinge allmählich auf 30–60 cm Abstand vereinzeln. So erhält man kleine Rondells, die in gemischten Beeten als Blickfang dienen.

Düngen Nicht erforderlich. Im Frühsommer bei längerer Trockenheit gründlich wässern.

Probleme Gelegentlich plötzliches Absterben durch Bodenpilze. Im nächsten Jahr Standort wechseln.

BLÜTE

Blütezeit Sommer und Herbst.

Schnitt Einige Pflanzen zum Schnitt anpflanzen.

NACH DER BLÜTE

Pflege Die Samen reifen lassen, damit sich die Pflanze selbst aussät, dann ausreißen.

Limnanthes

Sumpfblume

Limnanthes *bringt im Frühsommer 2–3 cm große Blüten hervor, deren Färbung an gekochte Eier erinnert.*

Nach der Samenreife vermehrt sich die Pflanze durch Selbstaussaat und erscheint prächtig im nächsten Jahr.

Eigenschaften

Limnanthes douglasii hat schüsselförmige, weiße Blüten mit großem, gelbem Schlund, die an ein gekochtes Hühnerei erinnern. Die Pflanze wird 15–25 cm hoch und neigt zum Wuchern. Die frostharte Einjahresblume sät sich selbst aus und kommt jedes Jahr wieder. Geeignet für Beete, Rabatten und Wegeinfassungen.

Limnanthes auf einen Blick

Eine selbstaussäende Sommerblume, die eine Fülle gelb-weißer Blüten hervorbringt. Verträgt Frost bis –15 °C.

Jan.	/
Febr.	/
März	säen
April	säen/ausdün.
Mai	säen/ausdün.
Juni	Blütezeit
Juli	Blütezeit
Aug.	/
Sept.	säen
Okt.	/
Nov.	/
Dez.	/

Empfohlene Arten

Limnanthes douglasii

Standort

Licht Bevorzugt volle Sonne in freien Lagen.

Boden Die Pflanze braucht humose, feuchte Böden. Vor der Aussaat mit verrottetem Gartenkompost anreichern.

Pflege

Aussaat Im Frühjahr (März bis Mai) oder Herbst (September). Entweder in 1 cm tiefe, kurze Furchen, oder Samen auf kleine Flächen ausstreuen und einharken. Keimlinge erscheinen nach 1–2 Wochen. Auf 10–15 cm Abstand ausdünnen, ist nicht unbedingt erforderlich. Bei Herbstaussaat erst im nächsten Frühjahr vereinzeln.

Düngen Nicht erforderlich, aber im Frühsommer bei Trockenheit gründlich wässern.

Probleme Keine bekannt.

Blüte

Blütezeit Bei Herbstaussaat im Spätfrühling, je nach Witterung. Die Blüten locken Bienen in Scharen an.

Schnitt Als Schnittblume ungeeignet.

Nach der Blüte

Pflege Nach der Blüte die Pflanzen ausreißen.

Limonium

Meerlavendel, Statice

Nachdem die kleinen, weißen Blüten verblaßt sind, leuchten die papierartigen Kelchblätter und behalten die Farbe.

'Purple Monarch' ist die klassische Statice für den Schnitt. Die Pflanze wird bis 60 cm hoch.

Eigenschaften

Die einjährigen Arten von *Limonium sinuatum* werden bis 90 cm hoch und haben rosettenartig aufsteigende, elliptische Blätter. Die purpurfarbenen, weißen, rosa, orangefarbenen, gelben oder blauen Blüten sind klein, eignen sich aber als Schnitt- und Trockenblumen (Statice). Die niedrigen Sorten werden für Beete und Gefäßkulturen verwendet.

Standort

Licht Vollsonnige, freie Lagen.

Limonium auf einen Blick

Wegen ihrer Blütendolden geschätzte Einjahresblume für Beete und Trockensträuße. Verträgt Frost bis –5 °C.

Jan.	/
Febr.	säen
März	säen/umpfl.
April	kultivieren
Mai	abhärten
Juni	pflanzen/antr.
Juli	Blütezeit
Aug.	Blüte/Schnitt
Sept.	Blüte/Schnitt
Okt.	/
Nov.	/
Dez.	/

Empfohlene Sorten

Limonium sinuatum:

Hochwüchsige Sorgen
- 'Art Shades Mixed'
- 'Forever Mixed'
- 'Forever Moonlight'
- 'Sunburst Mixed'
- 'Sunset Mixed'

Zwergsorten
- 'Biedermeier Mixed'
- 'Petite Bouquet'

Boden Braucht gut entwässerte Böden und gedeiht prächtig in leichter, sandiger, magerer Erde. Für die Zwergsorten in Kübeln Einheitserde verwenden. Ausgezeichnete Sommerblume in Küstengebieten.

Pflege

Aussaat Februar/März in 9-cm-Töpfe mit Einheitserde. Bodenwärme 18 °C. Keimlinge in Multitopfplatten pikieren, im Mai abhärten und nach dem letzten Frost mit 15–45 cm Abstand ins Freie verpflanzen. Falls als Schnittblume kultiviert, ab Anfang Mai ins Freie in 1 cm tiefe Furchen säen und allmählich vereinzeln.

Düngen Nicht erforderlich. Nach dem Auspflanzen bei Trockenheit häufig gießen.

Probleme In schweren, nassen Böden faulen die Wurzeln. Im Spätsommer kann Mehltau auftreten, wogegen man aber nichts zu unternehmen braucht.

Blüte

Blütezeit Lange Blüte den ganzen Sommer über.

Schnitt Ausgezeichnete Schnitt- und Trockenblume. Nachdem die Blüten ihre kräftigste Färbung erreicht haben, schneiden und an einem trockenen, luftigen Ort aufhängen.

Nach der Blüte

Pflege Nachdem alle Blütenstengel abgeschnitten oder verwelkt sind, Pflanze ausreißen.

Linaria
Leinkraut

Bei breitwürfiger Aussaat ins Freilandbeet entwickelt sich das Leinkraut zu einem dichten Blütenteppich, wozu sich Mischungen wie 'Fairy Bouquet' besonders gut eignen.

Eigenschaften

Arten von *Linaria maroccana* haben kleine, zarte Blüten, die dem Löwenmäulchen ähneln. Die breite Farbskala umfaßt Weiß, Creme, Gelb, Rot, Blau und Pink. Die Pflanzen können je nach Art und Sorte 25–60 cm hoch werden und eignen sich für Gruppenpflanzung auf Beeten und Rabatten oder als Lückenfüller. Eine frostharte Einjahresblume für Aussaat ins Freiland.

Linaria auf einen Blick

Frostharte Einjahresblume, deren löwenmaulähnliche Blüten im Sommer erscheinen. Verträgt Frost bis –15 °C.

Jan.	/
Febr.	/
März	säen
April	säen/ausdün.
Mai	säen/ausdün.
Juni	ausd./Blüte
Juli	Blütezeit
Aug.	Blütezeit
Sept.	Blütezeit
Okt.	/
Nov.	/
Dez.	/

Empfohlene Sorten

Linaria anticaria

Linaria maroccana:
'Fairy Bouquet'
'Fantasia Blue'
'Fantasia Mixed'
'Fantasia Pink'
'Northern Lights'

Linaria reticulata:
'Crown Jewels'

Standort

Licht Warme, sonnige Lagen.

Boden Gut entwässerte Böden mit vor dem Pflanzen eingearbeitetem verrottetem Stallmist oder Gartenkompost sind Voraussetzung. Gedeiht gut in leichter, sandiger Erde.

Pflege

Aussaat Von März bis Mai in 1 cm tiefe, kurze Furchen. Bei gemischten Beeten Fläche für die Aussaat mit hellem Sand markieren. In Reihen stehende Sämlinge unterscheiden sich deutlich von Unkraut. Bis zum Frühsommer auf 10–15 cm Abstand vereinzeln. Oder in Gruppen von 4–6 Pflanzen mit etwa 30 cm Abstand kultivieren.

Düngen Nur selten erforderlich, bei Trockenheit nach dem letzten Ausdünnen gut gießen.

Probleme Nichts bekannt.

Blüte

Blütezeit Früh- und Hochsommer.

Schnitt Als Schnittblume nur selten geeignet.

Nach der Blüte

Pflege Zur Selbstaussaat benötigte Pflanzen stehen lassen. Übrige ausreißen und auf den Kompost geben.

Lobelia

Lobelie, Männertreu

Die meist blau blühende Lobelia erinus *stammt aus Südafrika und wird als einjährige Gartenzierblume kultiviert.*

Hier begegnet uns die Lobelie in Gemeinschaft mit Begonie und Blauem Gänseblümchen sowie Kapuzinerkresse.

Eigenschaften

Für die Beetbepflanzung wählt man buschige Sorten, für Ampeln und Blumenkästen sind Hängelobelien besser geeignet. Die Blüten sind weiß, pink, hellviolett oder blau. Zu den zweifarbigen Sorten gehören 'Rosamunde' (rot mit weißem Auge) oder 'Pumila Splendens' (tiefblau mit weißem Auge). Beetsorten werden 10–15 cm hoch, Hängelobelien bei guter Düngung bis 45 cm lang. Arten von *Lobelia erinus* sind als Einzelfarben oder gemischt erhältlich und werden als Jungpflanzen angeboten.

Lobelia auf einen Blick

Eine kälteempfindliche Einjährige mit kleinen Blüten für Rabatten und Gefäßkulturen. Verträgt keinen Frost.

Jan.	säen
Febr.	säen/umpflz.
März	säen/umpflz.
April	kultivieren
Mai	abh./pflanzen
Juni	Blütezeit
Juli	Blütezeit
Aug.	Blütezeit
Sept.	Blütezeit
Okt.	/
Nov.	/
Dez.	/

Empfohlene Sorten

Lobelia erinus:

Buschige Sorten
'Cambridge Blue'
'Kristallpalast'
'Kaiser Wilhelm'
'Riviera Lilac'

Hängelobelien
'Cascade Mixed'
'Fountains Mixed'
'Regatta Mixed'
'String of Pearls'

Standort

Licht Beste Blüte in vollsonnigen Lagen.

Boden Vor dem Pflanzen Erde mit Gartenkompost anreichern. Der Boden muß gut entwässert sein, aber Lobelien brauchen etwas Feuchtigkeit während der gesamten Saison. Für Schalen und Blumenkästen Einheitserde verwenden. Vor dem Pflanzen Langzeitdünger untermischen.

Pflege

Aussaat Von Januar bis März in 9-cm-Töpfe mit Einheitserde, aber nicht bedecken. Hell stellen und Bodenwärme bei 18 °C halten. Wenn die Keimlinge eine grüne Matte bilden, in Büscheln von 4–6 Pflänzchen in Multitopfplatten pikieren. Ende Mai abhärten und nach dem letzten Frost ins Freie verpflanzen.

Düngen Vierzehntäglich mit kaliumbetontem Flüssigdünger. Nie austrocknen lassen.

Probleme Bei Umfallkrankheit im Frühling Sämlinge mit Fungizid spritzen.

Blüte

Blütezeit Ab Juni bis August.

Schnitt Als Schnittblume ungeeignet.

Nach der Blüte

Pflege Wenn die Pflanzen struppig aussehen, etwas zurückschneiden und Flüssigdünger zum Gießwasser geben.

Lobularia

Duftsteinrich, Alyssum

Der Duftsteinrich ist eine niedrige, sich buschig ausbreitende Pflanze für Beeteinfassungen.

Wie ein dichter Kragen aus weißen Blüten legt sich der Duftsteinrich um die Gruppen aus Stiefmütterchen.

Eigenschaften

Lobularia maritima, auch unter der botanischen Bezeichnung *Alyssum maritimum* bekannt, bringt eine Fülle kleiner, runder Blütenköpfchen in Weiß, Pink, Lila und Violett hervor. Alle Sorten duften nach Honig. Die dichten Polster werden kaum höher als 15 cm und sind ideal für Einfassungen, Balkonkästen, Kübel und Ampeln.

Standort

Licht Volle Sonne und Halbschatten.

Lobularia auf einen Blick

Eine buschige, niedrig wachsende Sommerblume für Einfassungen und Balkonkästen. Verträgt Frost bis –15 °C.

Jan.	/
Febr.	säen
März	säen/umpfl.
April	säen
Mai	säen/abhärten
Juni	Blütezeit
Juli	Blütezeit
Aug.	Blütezeit
Sept.	Blütezeit
Okt.	/
Nov.	/
Dez.	/

Empfohlene Sorten

Lobularia maritima:
- 'Aphrodite'
- 'Creamery'
- 'Easter Basket Mixed'
- 'Easter Bonnet'
- 'Golf Mixed'
- 'Golf Rose'
- 'Little Dorrit'
- 'Rosie O'Day'
- 'Snow Carpet'
- 'Snow Crystals'

Boden Gut entwässerte Böden mit reichlich organischem Material, um die Feuchtigkeit besser zu speichern. Für die Pflanzung in Gefäßkulturen Einheitserde verwenden.

Pflege

Aussaat Im Februar/März in 9-cm-Töpfe mit Einheitserde aussäen und leicht bedecken. Wenn die Keimlinge 1 cm hoch sind, Büschel von 4–6 Pflänzchen in Multitopfplatten pikieren. Dies ist besonders bei Samenmischungen vorteilhaft, um mehrfarbig blühende Polster zu bekommen. Ende Mai abhärten und ins Freiland auspflanzen. Man kann die Samen auch im April/Mai 1 cm tief ins Beet aussäen.

Düngen Zusatzdüngung nicht erforderlich.

Probleme Gegen Schneckenbefall, besonders bei Regen, Schneckenkorn streuen.

Blüte

Blütezeit Die Blüten erscheinen noch vor dem Auspflanzen und halten bis in den Spätsommer und Frühherbst. Zurückschneiden und gründlich gießen, um einen zweiten Blütenflor zu begünstigen.

Schnitt Als Schnittblume ungeeignet.

Nach der Blüte

Pflege Die Pflanze sät sich selbst aus und treibt im nächsten Frühjahr. Verwelktes Pflanzenmaterial auf den Kompost geben.

Lunaria
Silberling

Die Samenschötchen der Lunaria annua *werden gern für Arrangements von Trockenblumen verwendet.*

Die Sorte 'Alba variegata' hat weiße Blüten und weiß gesprenkeltes Laub. Sie wirkt gut als Unterpflanzung.

Eigenschaften

Lunaria annua ist eine winterharte Zweijährige und wird wegen der großen, scheibenförmigen, silbrig glänzenden Samenschötchen auch Judasschilling und Silberpfennig genannt. Sie wird bis 90 cm hoch. Man überläßt sie am besten sich selbst, dann gedeiht sie hervorragend als Unterpflanzung, wo andere Blumen rasch verkümmern würden. Die violetten oder weißen Blüten öffnen sich im Frühjahr.

Lunaria auf einen Blick

Zweijahresblume, geschätzt wegen ihrer violetten Blüten und der weißen Samenschötchen. Winterhart bis –15 °C.

Jan.	/
Febr.	/
März	säen/Blüte
April	ausd./Blüte
Mai	ausd./Blüte
Juni	Blütezeit
Juli	/
Aug.	/
Sept.	/
Okt.	/
Nov.	/
Dez.	/

Empfohlene Sorten

Lunaria annua:
- 'Fine Mixed'
- 'Mixed'

Panaschiertes Laub
- 'Variegata'

Weiße Blüten
- 'Alba Variegata'

Standort

Licht Verträgt Sonne und Halbschatten unter Sträuchern und Hochstämmchen.

Boden Gedeiht auf mageren Böden, bringt jedoch höhere Stengel und größere Fruchtstände hervor, wenn die Erde mit Gartenkompost angereichert wurde.

Pflege

Aussaat Flächen mit Sand markieren und die Samenkörner im März 2–3 cm tief in kurze Furchen legen. Abstand 5–10 cm. Die Keimlinge erscheinen schnell. Man kann sie ausdünnen oder lassen, wie sie sind. Im nächsten Frühjahr nach den jungen Pflanzen sehen und, solange sie klein sind, an die gewünschte Stelle umsetzen.

Düngen Nicht erforderlich.

Blüte

Blütezeit Anfang Frühjahr bis Frühsommer.

Schnitt Gute Schnittblume, für Trockensträuße Pflanzen bis zur Samenreife stehen lassen.

Nach der Blüte

Pflege Nach der Samenreife an einem warmen, trockenen Tag abschneiden, an geschützten, luftigen Ort aufhängen. Einige Pflanzen für die Selbstaussaat stehen lassen.

Lupinus

Lupine

Die einjährige Lupine wächst buschiger und ist etwas niedriger als ihre als mehrjährige Staude kultivierte Verwandte. Bei breitwürfiger Aussaat ins Beet bringt sie ein Meer von Farben hervor. Die verblühten Blütenstände werden entfernt.

Eigenschaften

Wenn Sie einjährige Lupinen aus Samen ziehen, können Sie die Vorteile ihrer ausdauernden Verwandten genießen, ohne dafür zuviel Gartenfläche opfern zu müssen. Die niedrigeren Sorten werden nur 30–90 cm hoch, blühen aber genauso üppig und bunt. Es gibt sie in gemischten Farben oder in Einzelfarben wie die blau blühende *Lupinus texensis*. Frostharte Einjahresblume. Pflanze und Samen sind giftig.

Lupinus auf einen Blick

Dankbare Einjahresblume mit dicht besetzten Blütenständen in vielen Farben. Frosthart bis –15 °C.

Jan.	/
Febr.	/
März	/
April	säen
Mai	ausdünnen
Juni	Blütezeit
Juli	Blütezeit
Aug.	Blütezeit
Sept.	Blütezeit
Okt.	/
Nov.	/
Dez.	/

Empfohlene Sorten

Lupinus-Hybriden:
- 'Biancaneve'
- 'New White'
- 'Pink Javelin'
- 'Pixie Delight'
- 'Sunrise'

Gelbe Blüten
- *Lupinus luteus*

Blaue Blüten
- *Lupinus texensis*
- *Lupinus varius*

Standort

Licht Braucht vollsonnige Lagen.

Boden Gut durchlässige, leichte Erde. Verrotteten Stallmist oder Gartenkompost einarbeiten.

Pflege

Aussaat Man kann die Samenkörner im April ins endgültige Beet ausstreuen, aber Samenschale einkerben oder anfeilen, damit sie besser keimen. Dann auf feuchtem Papierhandtuch einweichen und nach dem Quellen am endgültigen Standort aussäen, 5 cm tief und etwa 10 cm auseinander. Wenn die Pflänzchen kräftiger werden, auf 20 cm vereinzeln. Bei Gefäßkulturen verfährt man genauso, sät die Samenkörner einzeln in 9-cm-Töpfe und verpflanzt in Kübel.

Düngen Nicht erforderlich.

Probleme Blattläuse mit Insektizid vernichten.

Blüte

Blütezeit Juni bis Juli.

Schnitt Als Schnittblume geeignet. Schneiden, sobald sich die unteren Knospen öffnen.

Nach der Blüte

Pflege Wurzeln im Boden verrotten lassen. Stengel bis zum Boden abschneiden und auf den Kompost geben.

Malcolmia

Malcolmie

Pink ist nur eine Farbe dieser dankbaren Sommerblume. Farbenmischungen gibt es in Rot, Gelb und Weiß.

Nur vier Wochen nach der Aussaat steht die Pflanze in voller Blüte. Malcolmia maritima *gedeiht auf leichten Böden.*

Eigenschaften

Es empfiehlt sich, immer ein Tütchen mit Samen vorrätig zu haben und alle zwei Wochen einige Körner auszusäen. Die Blüten erscheinen einen Monat später. Die Pflanze wird 15–20 cm hoch. Sie hat kleine, vierblättrige Blüten in Rot, Hellviolett, Pink, Gelb und Weiß, die angenehm duften und von Juni bis September im Flor stehen. Aussaat auch in Gefäßkulturen.

Malcolmia auf einen Blick

Einjährige Sommerblume in Pink, Rot, Gelb oder Weiß. Blüht einen Monat nach Aussaat. Winterhart bis –15 °C.

Jan.	/
Febr.	/
März	säen
April	säen/Blüte
Mai	säen/Blüte
Juni	säen/Blüte
Juli	säen/Blüte
Aug.	säen/Blüte
Sept.	säen/Blüte
Okt.	säen
Nov.	/
Dez.	/

Empfohlene Sorten

Malcolmia maritima:
'Fine Mixed'
'Mixed'

Standort

Licht Volle Sonne, auch leichter Schatten.

Boden Gedeiht in fast allen lockeren, eher trockenen Böden.

Pflege

Aussaat Man sät etwa 30 cm große Flächen ein, dort, wo man die Blumen später haben möchte. Ab März werden die Samen mit der Hand unter die Krume gemischt, oder man streut sie einfach aus. Das wiederholt man alle paar Wochen den ganzen Sommer hindurch. Eingesäte Flächen auf Beeten mit Etiketten oder Sand markieren. Für den frühen Beginn der Blüte im Frühjahr sät man schon im Oktober aus.

Düngen Nicht erforderlich.

Probleme Nicht bekannt.

Blüte

Blütezeit Durch wiederholte Aussaat Blüte während des ganzen Sommers.

Schnitt Als Schnittblume ungeeignet.

Nach der Blüte

Pflege Verwelkte Pflanzen ausreißen und neu ansäen. Auch Selbstaussaat möglich.

Matthiola

Levkoje

Wenn die Levkoje im Frühling ausgesät wird, erfüllt sie den Garten mit leuchtenden Blüten und betörendem Duft.

Den Blütenknospen sieht man beim Auspflanzen nicht an, welche Farbenpracht sich aus ihnen entwickelt.

Eigenschaften

Die süßlich duftenden Blüten der Levkoje sitzen an Stengeln mit graugrünen, lanzettförmigen Blättern. Das Farbenspektrum umfaßt eine Fülle von Pastelltönen mit kräftigen Nuancen von Purpur, Rot und Magenta. Die Blüten sind gefüllt. Die *Matthiola incana*-Hybriden machen sich gut als Gruppen. Die Pflanze wird bis 45 cm hoch und als Zweijährige kultiviert.

Standort

Licht Volle Sonne an geschützten Standorten.

Boden Braucht gut entwässerten Boden. Einige Wochen vor dem Pflanzen Gartenkompost in die Erde mischen. Hohe Sorten stützen.

Matthiola auf einen Blick

Die Zweijahresblume wird im Sommer ausgesät und blüht im Frühling des folgenden Jahres. Winterhart bis –15 °C.

Jan.	kultivieren
Febr.	pflanzen
März	pflanzen
April	Blütezeit
Mai	Blütezeit
Juni	säen
Juli	säen/umpflz.
Aug.	umpflanzen
Sept.	kultivieren
Okt.	kultivieren
Nov.	kultivieren
Dez.	kultivieren

Empfohlene Sorten

Matthiola incana:
- 'Brompton Mixed'
- 'Brompton Dwarf Mixed'
- 'Cinderella'

Pflege

Aussaat Juni/Juli in 9-cm-Töpfe mit Einheitserde. Wenn die Sämlinge kräftig genug sind, einzeln in 9-cm-Töpfe umsetzen, gießen und weiterkultivieren. In größere Töpfe verpflanzen. Vor dem ersten Frost ins Frühbeet, Kleingewächshaus oder in den Wintergarten stellen, bei milder Witterung während des Winters ins Freie. Mäßig gießen, wenn das Laub welkt. Ab Februar ins Freie verpflanzen oder in Kübel im Wintergarten. Mit Stöcken stützen.

Düngen Erst 2–3 Wochen vor dem Auspflanzen Flüssigdünger geben.

Probleme Im Spätsommer legt der Kohlweißling Eier auf den jungen Pflanzen ab, die Raupen können sie kahlfressen. Absammeln oder mit biologischem Raupenspritzmittel bekämpfen.

Blüte

Blütezeit Für Rabatten und Einfassungen bei günstiger Witterung schon ab April und Mai. Beste Blütenentfaltung bei ruhigem, mildem Frühlingswetter mit viel Sonne. Die im Handel erhältlichen gefüllten Sorten blühen nur etwa zur Hälfte gefüllt. Die einfach blühenden Pflanzen separat einsetzen und als Schnittblumen kultivieren.

Schnitt Stengel nach dem Schneiden heiß abbrühen, und Wasser häufig wechseln.

Nach der Blüte

Pflege Nach der Blüte ausgraben und auf den Kompost geben. Beet für Sommerbepflanzung vorbereiten.

Mimulus

Gauklerblume

Die Blütenblätter der Gauklerblume sehen aus wie kleine Gesichter und sind interessant gezeichnet.

An Wegrändern kommt die Gauklerblume gut zur Geltung. Neun Wochen nach der Aussaat steht sie in Blüte.

Eigenschaften

Mimulus-Hybriden werden wie frostempfindliche Einjahresblumen kultiviert und eignen sich für Sommerbeete und Gefäßkulturen. Die Blüten erscheinen vorwiegend in Rot und Orange. Die Pflanzen erreichen eine Höhe von 30–45 cm und werden etwa gleich breit. Die Gauklerblume ist eine dankbare, anspruchslose Einjahresblume für Unterpflanzung und feuchte Standorte.

Mimulus auf einen Blick

Die Gauklerblume wird als Einjahresblume für Beete, Balkonkästen und Ampeln gezogen. Frosthart bis –15 °C.

Jan.	/
Febr.	säen
März	säen/umpfl.
April	kultivieren
Mai	kult./abhärten
Juni	Blütezeit
Juli	Blütezeit
Aug.	Blütezeit
Sept.	Blütezeit
Okt.	/
Nov.	/
Dez.	/

Empfohlene Sorten

Mimulus-Hybriden:
- 'Calypso'
- 'Extra Choice Mixed'
- 'Magic Ivory'
- 'Magic Pastels Mixed'
- 'Malibu'
- 'Malibu Orange'
- 'Malibu Sunshine'
- 'Queen's Prize Mixed'
- 'Sparkles'
- 'Viva'

Standort

Licht Sonne oder Halbschatten.

Boden Der Boden muß feucht sein. Vor dem Pflanzen reichlich verrotteten Stallmist oder Gartenkompost einarbeiten. Für Gefäßkulturen Torferde verwenden. Vor dem Einpflanzen Langzeitdünger einstreuen.

Pflege

Aussaat Februar/März in 9-cm-Töpfe, Samenkörner nur leicht bedecken. Bei 12 °C Bodenwärme hell stellen. Keimlinge erscheinen nach etwa zwei Wochen. Sind sie kräftig genug, in Multitopfplatten pikieren, bis Ende Mai kultivieren, abhärten und mit 15–30 cm Abstand ins Freie pflanzen oder je 2–3 Pflänzchen in Tröge und Kübel.

Düngen Monatlich mit Flüssigdünger. Kübelpflanzen nicht austrocknen lassen.

Probleme Bei Schneckenbefall Schneckenkorn streuen. Für Gefäßkulturen kene pralle Sonne.

Blüte

Blütezeit Ab Juni den Sommer über.

Schnitt Als Schnittblume ungeeignet.

Nach der Blüte

Pflege Nach der Blüte ausreißen und auf den Kompost geben.

Moluccella

Muschelblume

Die eigentlichen Blüten der Moluccella laevis *sind winzig und blaß. Sie sitzen in muschelförmigen Kelchblättern.*

Die Muschelblume ist eine ideale Pflanze für gemischte Beete und sticht durch ihr helles Grün hervor.

Eigenschaften

Frostempfindliche Einjährige, die schwach duftet und im Sommer 60–90 cm hohe Stengel treibt. Die kleinen Blüten sitzen an langen Ähren und sind von einem muschelförmigen, apfelgrünen Tragblatt umgeben. Man kultiviert die Muschelblume in Blumenbeeten und Rabatten, ihre größte Bedeutung hat sie als Schnittblume und für Trockensträuße. Sie hält sich lange, wenn man sie im Spätsommer trocknet. Im Herbst werden die Stengel braun.

Standort

Licht Freie Lagen in voller Sonne.

Moluccella auf einen Blick

Sommerblume mit hohen Stengeln und Kelchblättern, die sich gut für Trockensträuße eignen. Verträgt keinen Frost.

Jan.	/
Febr.	säen
März	säen
April	umpflanzen
Mai	pflanzen/säen
Juni	Blütezeit
Juli	Blütezeit
Aug.	Blütezeit
Sept.	Blüte/Schnitt
Okt.	/
Nov.	/
Dez.	/

Empfohlene Sorten

Moluccella laevis

Boden Gut entwässerte Böden mit reichlich verrottetem Stallmist oder Gartenkompost, der vor dem Säen oder Pflanzen eingearbeitet wird. Nur windgeschützte Standorte wählen, sonst knicken die Stengel um.

Pflege

Aussaat Entweder Februar/März in 9-cm-Töpfe mit Einheitserde bei 18 °C oder im April und Mai unmittelbar ins Freiland. Die Keimlinge erscheinen nach 2–4 Wochen. Nach und nach auf 30–40 cm Abstand ausdünnen. Pflanzen in Vorkulturen müssen vor dem Auspflanzen abgehärtet werden.

Düngen Falls die Erde vor dem Pflanzen mit Kompost angereichert wurde, ist keine zusätzliche Düngung erforderlich. Während längerer Trockenperioden häufig gießen.

Probleme Die Samen zwei Wochen vor der Aussaat in den Kühlschrank legen und dann wie oben beschrieben aussäen.

Blüte

Blütezeit Auch nach der Blüte setzen die grünen Blätter helle Farbtupfer. Haben sie ausgedient, hängt man sie zum Trocknen auf.

Schnitt Gute Schnitt- und Trockenblume. Schneiden, sobald die Blüten voll entwickelt sind. Das Laub entfernen, damit die Tragblätter besser zur Geltung kommen.

Nach der Blüte

Pflege Nach dem Schneiden der Stengel die Wurzeln ausreißen. Einige Pflanzen für die Selbstaussaat stehen lassen.

Myosotis

Vergißmeinnicht

Vergißmeinnicht haben den Winter über grünes Laub und beginnen zeitig im Frühjahr zu blühen.

Vergißmeinnicht werden gern mit Tulpen kombiniert, denn beide blühen zeitig im Frühjahr.

Eigenschaften

Vergißmeinnicht sind anspruchslose Frühlingsblüher, die von April an Farbenpolster in Himmelblau, Weiß oder Rosa bilden. Sie passen zu Zwiebelgewächsen wie Tulpen, die sich durch den Bodendecker schieben. Als winterharte Zweijährige kultivieren und für Gefäßkulturen die niederen Sorten wie 'Blauer Ball' verwenden. Viele Sorten werden nicht viel höher als 30 cm und eignen sich für Blumenbeete. Jungpflanzen erhältlich.

Myosotis auf einen Blick

Winterharte, zweijährige Frühlingsblume, die sich buschig ausbreitet. Verträgt Frost bis –15 °C.

Jan.	/
Febr.	/
März	/
April	Blütezeit
Mai	Blüte/säen
Juni	säen
Juli	kultivieren
Aug.	kultivieren
Sept.	kultivieren
Okt.	pflanzen
Nov.	/
Dez.	/

Empfohlene Sorten

Myosotis sylvatica:
- 'Blauer Ball'
- 'Carmine King'
- 'Compindi'
- 'Indigo'
- 'Light Blue'
- 'Music'
- 'Rosylva'
- 'Royal Blue'
- 'Blauer Korb'

Standort

Licht Helle, halbschattige und schattige Lagen.

Boden Liebt Feuchtigkeit, deshalb Komposterde unter die Krume mischen. Bei Pflanzung in Gefäßkulturen im Herbst für gute Entwässerung sorgen und Einheitserde verwenden.

Pflege

Aussaat Mai bis Juli in 1 cm tiefe Furchen im Freilandbeet. Die Sämlinge auf 10–15 cm Abstand ausdünnen, Unkraut auszupfen und bei Trockenheit reichlich gießen. Im Oktober ins endgültige Beet oder in Kübel umsetzen und angießen.

Düngen Im Herbst nicht mehr düngen, aber im Frühling zu Beginn der Wachstumsperiode Volldünger ausstreuen.

Probleme Mehltaubefall nicht behandeln.

Blüte

Blütezeit Spätfrühjahr.

Schnitt Sorten wie 'Blauer Korb', 'Schnittwunder', 'Indigo Compacta' eignen sich für Vasen.

Nach der Blüte

Pflege Die verwelkten Pflanzen entfernen, um Platz für Sommerblumen zu schaffen. Für die Selbstaussaat einige Pflanzen stehen lassen, damit die Samen reifen können.

Nemesia

Elfenspiegel

Elfenspiegel blüht in verschiedenen Farben. Alle Blüten haben einen gemusterten Schlund.

Die Blütenblätter des Elfenspiegels bilden große, beinahe flache Scheiben und zeigen nach allen Richtungen.

Eigenschaften

Nemesia strumosa-Hybriden werden nicht höher als 30 cm und eignen sich für Beete und Kübel. Sie werden als frostempfindliche Einjährige kultiviert und blühen in Einzelfarben oder bunten Farbmischungen. Gute Einfassungspflanze, auch für Kübel und Kästen. Leicht zu ziehen.

Standort

Licht Braucht volle Sonne für gutes Gedeihen.

Nemesia auf einen Blick

Eine kälteempfindliche Sommerblume mit schöner Blüte für Beete, Kübel und Balkone. Verträgt keinen Frost.

Jan.	/
Febr.	/
März	säen
April	säen/pikieren
Mai	abh./pflanzen
Juni	Blütezeit
Juli	Blütezeit
Aug.	Blütezeit
Sept.	Blütezeit
Okt.	/
Nov.	/
Dez.	/

Empfohlene Sorten

Nemesia strumosa:

Gemischte Farben
- 'Carnival Mixed'
- 'Pastel Mixed'
- 'Sparklers'
- 'Triumph'

Unifarben
- 'Blue Gem'
- 'Feuerkönig'
- 'KLM'
- 'National Ensign'

Boden Bei Gefäßkulturen Langzeitdünger unter die Einheits- oder Anzuchterde mischen. Gartenböden müssen gut durchlässig sein und mit verrottetem Stallmist oder Komposterde angereichert werden.

Pflege

Aussaat Ab Mai/April in kleine Töpfe mit Anzuchterde und danach alle paar Wochen für kontinuierlichen Blütenflor. Die Samen leicht bedecken. Bei 15 °C hell stellen und, wenn die Sämlinge kräftig genug sind, in Multitopfschalen pikieren. Kultivieren, Ende Mai abhärten und nach dem letzten Frost mit 15–30 cm Abstand auspflanzen. In Gefäßkulturen Staunässe vermeiden.

Düngen Beetpflanzen alle zwei Wochen flüssigdüngen. Regelmäßiges Gießen in Trockenperioden ist unbedingt erforderlich.

Probleme Gefahr von Wurzelfäule bei nassen Böden.

Blüte

Blütezeit Wenn die Pflanzen 10 cm hoch sind, den Haupttrieb ausbrechen, um eine reichere Blüte zu erzielen.

Schnitt Als Schnittblume ungeeignet.

Nach der Blüte

Pflege Verblühte Pflanzen ausreißen. Das ist häufig erforderlich, die Blüte vergeht schnell.

Nemophila

Hainblume

Nemophilia menziesii *hat leuchtend himmelblaue Blüten mit einem hellen Schlund und fiedriges, grünes Laub.*

Die Hainblume eignet sich gut zur Kombination mit anderen winterharten Einjahresblumen und sät sich selbst aus.

Eigenschaften

Nemophila menziesii ist eine leicht zu ziehende Einjahresblume und wird im Herbst oder Frühjahr ausgesät. Die Blüten sind himmelblau, weiß oder schwarz mit weiß. Die Pflanze wird bis 20 cm hoch, hat fiedrige Blätter und ist ein Bodendecker. Für Steingarten, Balkon und Kübel geeignet.

Standort

Licht Sonne und leichter Schatten.

Nemophila auf einen Blick

Eine unempfindliche, sich stark ausbreitende Pflanze für Beet, Steingarten und Kübel. Winterhart bis –15 °C.

Jan.	/
Febr.	/
März	/
April	säen
Mai	Blüte/säen
Juni	Blütezeit
Juli	Blütezeit
Aug.	Blütezeit
Sept.	Blüte/säen
Okt.	/
Nov.	/
Dez.	/

Empfohlene Sorten

Nemophila menziesii (auch als *N. insignis* bezeichnet):
- 'Baby Blue Eyes'
- 'Penny Black'
- 'Snowstorm'

Nemophila maculata:
- 'Five Spot'

Boden Gut durchlässige Böden. Zur Speicherung von Feuchtigkeit vor dem Aussäen verrotteten Gartenkompost einarbeiten. Für Gefäßkulturen Einheitserde verwenden.

Pflege

Aussaat Im Herbst oder Frühling ins Freie in 1 cm tiefe Furchen. Bei Herbstaussaat überwintern die jungen Pflanzen draußen und blühen zeitig im nächsten Jahr. Sobald sich Knospen bilden, nach und nach auf 10–15 cm Abstand ausdünnen.

Düngen Auf gut vorbereiteten Böden ist keine zusätzliche Düngung erforderlich. Man kann jedoch monatlich mit Flüssigdünger gießen. Bei Trockenheit gut wässern, sonst gehen die Pflanzen ein.

Probleme Blattläuse schaden den jungen Blättern. Mit Insektizid spritzen.

Blüte

Blütezeit Bei Herbstaussaat von Frühjahr bis zum ersten Frost. Im Frühling ausgesäte Pflanzen blühen etwas später.

Schnitt Als Schnittblume ungeeignet.

Nach der Blüte

Pflege Die Pflanzen stehen lassen, damit die Samen reifen, und erst nach der Selbstaussaat ausreißen. Im nächsten Frühjahr erscheinen die jungen Pflanzen von selbst.

Nicotiana
Ziertabak

Die lachsrosa blühende 'Domino Salmon Pink' ist eine sehr beliebte Züchtung und wird wegen ihrer schönen Färbung und reichen Blüte geschätzt. Hier wurde sie als Bodendecker verwendet, sie eignet sich aber auch genauso gut für Gefäßkulturen.

Eigenschaften

Die Pflanze wird wegen ihrer hübschen Röhrenblüten kultiviert, nicht als Rauchtabak. Für Beete und Kübel eignen sich die niedrigen, etwa 30 cm hohen Sorten mit aufrechten Blüten. Die reinweiße *Nicotiana sylvestris* wird bis 1,5 m hoch und paßt besser vor einen immergrünen Hintergrund, von dem sich die großen Blätter und hellen Blüten abheben. Manche Sorten beginnen abends zu duften. Man stellt sie deshalb in die Nähe von Balkontüren und Fenstern oder pflanzt sie in Kübel, die man an warmen Sommerabenden ins Haus oder in den Wintergarten holt. Die Blüten sind rosa bis hellgrün. Frostempfindliche Einjahresblume. Jungpflanzen erhältlich.

Nicotiana auf einen Blick

Die Einjahresblume für Beete und Kübel hat bunte, häufig duftende Blüten. Verträgt keinen Frost.

Jan.	/
Febr.	/
März	säen
April	pikieren
Mai	abh./pflanzen
Juni	Blütezeit
Juli	Blütezeit
Aug.	Blütezeit
Sept.	Blütezeit
Okt.	/
Nov.	/
Dez.	/

Empfohlene Sorten

Nicotiana sanderae:
'Domino Mixed'
'Domino Salmon Pink'
'Havana Appleblossom'
'Hippy Mixed'
'Lime Green'
'Merlin Peach'

Nicotiana langsdorfii
Nicotiana sylvestris

Standort

Licht Volle Sonne oder Halbschatten. In der Sonne bleiben die Blüten länger geöffnet.

Boden Gut entwässerte, feuchtigkeitsspeichernde Böden mit verrottetem Stallmist oder Komposterde. Für Gefäßkulturen Einheitserde verwenden.

Pflege

Aussaat Im März in 9-cm-Töpfe mit Einheitserde säen, aber nicht bedecken. Bei 21 °C Bodenwärme hell stellen. Nach drei Wochen erscheinen die winzigen Keimlinge. In Multitopfschalen oder 9-cm-Töpfe pikieren, sobald die Sämlinge 3–4 Laubblätter entwickelt haben. Ende Mai abhärten und nach dem letzten Frost mit 30–45 cm Abstand, je nach Sorte, ins Freiland setzen.

Düngen Im Freilandbeet wöchentlich flüssigdüngen. Für Gefäßkulturen vor dem Pflanzen Langzeitdünger unter die Erde mischen.

Probleme Gegen Blattläuse Insektizid spritzen. Von einer Viruskrankheit befallene Pflanzen mit verkrüppelten Blättern vernichten.

Blüte

Blütezeit Den ganzen Sommer über. Verwelkte Blüten abzupfen.

Schnitt Als Schnittblume ungeeignet.

Nach der Blüte

Pflege Pflanzen beim ersten Frost ausreißen. Die Samen von *Nicotiana sylvestris* läßt man reifen und sät sie im nächsten Jahr aus.

Nigella

Schwarzkümmel, Jungfer im Grünen

'Miss Jekyll' ist eine Varietät der Nigella damascena *mit blauen, halbgefüllten Blüten.*

Nach der Blüte entwickeln sich die eigentümlichen Samenstände, die für Trockengestecke verwendet werden können.

Eigenschaften

Die Jungfer im Grünen hat zarte, fein geteilte Blätter, welche die einzelnen Blüten wie ein flauschiger grüner Kragen umgeben. Die frostharte einjährige Sommerblume mit aufrechtem Stengeln blüht blau, hell- und dunkelrosa, weiß oder purpurfarben. Sie wird bis 50 cm hoch und eignet sich für Gruppenpflanzung in Beeten und als Schnittblume.

Standort

Licht An freie, sonnige Standorte pflanzen.

Nigella auf einen Blick

Die Samenstände dieser Einjahresblume können für Trockensträuße verwendet werden. Winterhart bis –15 °C.

Jan.	/
Febr.	/
März	säen
April	Blüte/ausd.
Mai	Blütezeit
Juni	Blütezeit
Juli	Blütezeit
Aug.	Blütezeit
Sept.	Blüte/säen
Okt.	/
Nov.	/
Dez.	/

Empfohlene Sorten

Nigella damascena:
'Baby Blue'
'Miss Jekyll'
'Miss Jekyll Alba'
'Mulberry Rose'
'Oxford Blue'
'Persische Juwelen'
'Shorty Blue'

Nigella orientalis:
'Transformer'

Boden Gut durchlässiger Boden. Man kann, braucht aber nicht unbedingt vor dem Pflanzen verrotteten Stallmist oder Komposterde einzuarbeiten. Auch magere Böden reichen aus. Wichtig ist viel Sonne.

Pflege

Aussaat März oder September in kurze, 1 cm tiefe Furchen. Wenn die ersten Knospen erscheinen, auf 15–20 cm vereinzeln. Bei Aussaat im Herbst mit dem Ausdünnen bis zum nächsten Frühjahr warten. Anzucht auch in Multitopfschalen möglich, jeweils 2–3 Samen pro Einheit und bis auf die kräftigste Pflanze verziehen. Wachstum der Wurzeln nicht stören.

Düngen Während des Sommers nicht düngen.

Probleme Keine bekannt.

Blüte

Blütezeit Bei Herbstaussaat ab Ende Frühjahr, bei Aussaat im Frühling ab Frühsommer.

Schnitt Gute Schnittblume für Sommersträuße. Die unteren Stengelblätter entfernen, damit Blüten in der Vase länger halten.

Nach der Blüte

Pflege Die Samenkapseln eignen sich für Trockensträuße. Nach der Samenreife schneiden und an einem warmen, luftigen Ort aufhängen. *Nigella* sät sich selbst aus und blüht im darauf folgenden Frühling. Abgestorbene Pflanzen ausreißen.

Osteospermum

Kapkörbchen, Kap-Ringelblume

Das Kapkörbchen blüht am schönsten in freien Lagen mit viel Sonne.

Eine Blumenwiese mit Kapkörbchen ist ein bezaubernder Anblick. Die Blüten öffnen sich im Frühsommer und sterben beim ersten Frost.

Eigenschaften

Viele Sorten der *Osteospermum* sind im Frühjahr als Jungpflanzen erhältlich, andere zieht man aus Samen und behandelt sie wie frostempfindliche Einjährige. Die Anzucht aus Samen ist eine preiswerte Möglichkeit, schnell viele Pflanzen heranzuziehen. Beliebte Sorten setzt man im Herbst in Töpfe, läßt sie an einem hellen, frostgeschützten Ort überwintern und vermehrt sie im Frühjahr durch Stecklinge.

Standort

Licht Das aus Südafrika stammende Kapkörbchen braucht viel Wärme und Sonne.

Boden Gut durchlässige, lehmig-sandige Gartenerde. Vollsonnige Standorte sind ideal. Gut geeignet für Balkonbepflanzung, möglichst auf der Südseite. Für Gefäßkulturen Einheitserde verwenden.

Osteospermum auf einen Blick

Wegen ihrer margeritenähnlichen Blüten geschätzter, dankbarer Sommerblüher. Winterhart bis –5 °C.

Jan.	/
Febr.	/
März	säen
April	säen/pikieren
Mai	abh./pflanzen
Juni	Blütezeit
Juli	Blütezeit
Aug.	Blütezeit
Sept.	Blütezeit
Okt.	Blütezeit
Nov.	/
Dez.	/

Empfohlene Sorten

Osteospermum-Hybriden:
'Gaiety'
'Giant Mixed'
'Glistening White'
'Ink Spot'
'Potpourri'
'Salmon Queen'
'Starshine'
'Tetra Pole Star'

Pflege

Aussaat Im März/April die Samen dünn in 9-cm-Töpfe mit Einheitserde streuen und leicht bedecken. An einem hellen Ort bei 18 °C zum Keimen bringen. Die kräftigen Sämlinge werden in Multitopfschalen oder einzeln in 9-cm-Töpfe pikiert. Zwei Wochen abhärten und ab Mitte Mai ins Freie verpflanzen.

Düngen Nach dem Auspflanzen häufig gießen, dann nur noch bei langer Trockenheit. Zusatzdüngung im Freien nicht erforderlich, Balkonpflanzen gelegentlich flüssigdüngen.

Probleme Blattläuse nisten sich auf den Blättern, Stengeln und Blüten ein. Zur Abhilfe mit Insektizid spritzen.

Blüte

Blütezeit Die Blüte setzt im Hochsommer ein und erreicht ihren Höhepunkt an den heißesten Tagen.

Schnitt Als Schnittblume ungeeignet.

Nach der Blüte

Pflege Nach der Hauptblüte zurückschneiden, um die Entwicklung zu fördern. Im Herbst einige Pflanzen in Töpfe setzen und frostgeschützt überwintern lassen.

Papaver nudicaule
Islandmohn

Islandmohn hat Blütenblätter wie Kreppapier. Im Zentrum der dichte Kranz aus gelben Staubfäden.

Auf ihren hohen Stengeln wiegen sich die zarten Blüten des Islandsmohns sanft im Wind.

Eigenschaften

Züchtungen von *Papaver nudicaule* gibt es in vielen Farben und je nach Sorte in Höhen von 25–75 cm. Man kann sie als Einjährige oder als winterharte Zweijährige kultivieren. Aussaat ist im Sommer oder Herbst. Hochwüchsige Sorten eignen sich als Schnittblumen. Bei Frühaussaat beginnt die Blüte ab April.

Standort

Licht Wächst in kühlem und warmem Klima.

Papaver nud. auf einen Blick

Die Pflanze kann als winterharte Zweijährige oder Einjährige gezogen werden. Frosthart bis –15 °C.

Jan.	/
Febr.	/
März	/
April	säen
Mai	Blüte/säen
Juni	Blüte/säen
Juli	Blütezeit
Aug.	Blütezeit
Sept.	Blüte/säen
Okt.	pflanzen
Nov.	/
Dez.	/

Empfohlene Sorten

Papaver nudicaule:

Zweijährige
- 'Illumination'
- 'Partyfun'
- 'Red Sails'
- 'Matadori'
- 'Wunderland'

Einjährige
- 'Summer Breeze'

Boden Gut durchlässige, aber feuchtigkeitsspeichernde Böden mit Zugabe von reichlich Komposterde vor dem Pflanzen oder Säen.

Pflege

Aussaat April bis Juni oder September im Freien. Die Samen dünn in 1 cm tiefe Furchen streuen und feinkrumig einharken. Wenn die Sämlinge 5 cm hoch sind, ausdünnen, bis die Pflanzabstände 15–30 cm betragen. Dabei die Wurzelballen nicht beschädigen und anschließend immer angießen. Bei Herbstaussaat erst im Frühjahr verziehen. Für eine frühe Blüte im Februar bei 15 °C in Töpfe säen, in Multitopfschalen pikieren und Ende Mai auspflanzen.

Düngen Keine Zusatzdüngung erforderlich.

Probleme Im Herbst ausgesäte Pflanzen können in schweren, feuchten Böden faulen. Deshalb in Multitopfschalen säen, relativ trocken überwintern, im Frühling auspflanzen.

Blüte

Blütezeit Die Blüte setzt im Frühsommer ein. Verwelkte Blüten abzupfen.

Schnitt Ausgezeichnete Schnittblume. Schneiden, sobald sich die Knospen öffnen. Stengel mit heißem Wasser abbrühen.

Nach der Blüte

Pflege Einige Pflanzen für die Selbstaussaat stehen lassen, alle anderen kompostieren.

Papaver rhoeas

Klatschmohn

Die Knospen des Klatschmohns richten sich an den Stengeln auf, bevor sich die attraktiven Blüten öffnen.

Wenn man dem Klatschmohn Gelegenheit zur Selbstaussaat gibt, blüht er zwischen anderen Pfanzen.

Eigenschaften

Bestimmte Züchtungen von *Papaver rhoeas* werden bis 60 cm hoch. Die Pflanzen haben zarte Blüten von 7–10 cm Durchmesser und sind in vielen Farbtönen erhältlich. Es gibt einfachblühende und gefüllte Varietäten. Mohn wird gern großflächig kultiviert, man kann aber auch in gemischten Beeten Areale von 30–60 cm anlegen. Frostharte Einjahresblume.

Papaver rhoeas auf einen Blick

Klatschmohn kann im Frühjahr oder Herbst ausgesät werden und bringt große Blüten hervor. Frosthart bis –15 °C.

Jan.	/
Febr.	/
März	säen
April	säen/ausdün.
Mai	Blüte/säen
Juni	Blütezeit
Juli	Blütezeit
Aug.	Blütezeit
Sept.	Blüte/säen
Okt.	/
Nov.	/
Dez.	/

Empfohlene Sorten

Papaver rhoeas:
- 'Angels Choir Mixed'
- 'Angel Wings Mixed'
- 'Mother of Pearl'
- 'Prachtmischung'
- 'Shirley Double Mixed'
- 'Shirley Single Mixed'

Standort

Licht Vollsonnige Lagen, kein Schatten.

Boden Gut durchlässige Böden. Einige Wochen vor Aussaat mit Komposterde anreichern.

Pflege

Aussaat März bis Mai und September. Die feinen Samen werden breitwürfig ausgestreut und eingeharkt. Angesäte Flächen mit Sand markieren. Oder man streut die Samenkörner in kurze, 1 cm tiefe Furchen. Die Sämlinge allmählich auf 30 cm Abstand ausdünnen, aber nicht verpflanzen. Bei Aussaat im Herbst mit dem Ausdünnen bis zum nächsten Frühjahr warten.

Düngen Zusatzdüngung während der Wachstumsperiode ist nicht erforderlich, aber gründlich wässern, falls die Pflanzen welken.

Probleme Keine bekannt.

Blüte

Blütezeit Bei Herbstaussaat ab Spätfrühling, im Frühjahr gesäte Pflanzen im Sommer.

Schnitt Zum Schnitt geeignet, Stengel abbrühen.

Nach der Blüte

Pflege Einige Pflanzen für die Selbstaussaat stehen lassen.

Pelargonium

Pelargonie, Geranie

Pelargonien blühen buschig in einer großen Zahl von Farbtönen, unter denen Rot, Rosa und Orange überwiegen.

Häufig werden Pelargonien als Jungpflanzen gekauft, aber auch aus Samen gezogene entwickeln sich gut.

Eigenschaften

Die Bezeichnung »Geranie« ist nicht ganz korrekt, aber volkstümlich und weit verbreitet. Aus Samen gezogene Pelargonien eignen sich für Balkonkästen und Töpfe. Es gibt hängende und aufrechte sowie buntlaubige Efeupelargonien. Praktischer ist es jedoch, im Frühjahr fertige Jungpflanzen zu kaufen. Blattschmuck- und Duft-Pelargonien können einen Umfang von 60 cm erreichen. Es gibt sie in Einzelfarben oder gemischt. Pelargonien sind frostempfindliche Einjahresblumen.

Pelargonium auf einen Blick

Beliebte Einjahresblume für Balkonkästen und Gefäßkulturen. Auch für Beete geeignet. Verträgt keinen Frost.

Jan.	säen
Febr.	säen
März	pikieren
April	umtopfen
Mai	abh./pflanzen
Juni	Blütezeit
Juli	Blütezeit
Aug.	Blütezeit
Sept.	Blütezeit
Okt.	/
Nov.	/
Dez.	/

Empfohlene Sorten

Pelargonium-Hybriden:

Beetbepflanzung
- 'Avanti Mixed'
- 'Raspberry Ripple'
- 'Ripple Mixed'
- 'Sensation Mixed'
- 'Stardust Mixed'
- 'Video Mixed'

Hängepelargonien
- 'Summertime Lilac'
- 'Summer Showers'

Standort

Licht Sonne und Halbschatten.

Boden Gut durchlässige, mit Komposterde angereicherte Böden. Bei Pflanzung in Balkonkästen und Tontöpfe Langzeitdünger unter die Einheitserde mischen.

Pflege

Aussaat Januar/Februar in heizbare Anzuchtschalen bei 18 °C Bodentemperatur. Die Keimlinge erscheinen nach 2–3 Wochen. Wenn die Sämlinge kräftig genug sind, in kleine Töpfe oder Multitopfschalen mit Einheitserde pikieren. Die Pflanzen brauchen viel Licht und Temperaturen von 16–18 °C, um sich gut zu entwickeln. In größere Töpfe umsetzen, Ende Mai abhärten, nach dem letzten Frost auspflanzen.

Düngen Alle 2–3 Wochen mit Flüssigdünger.

Probleme Bei schweren, nassen Böden können die Stengel faulen, deshalb ist die Kultivierung in Töpfen vorzuziehen. Verblühtes abzupfen, um Mehltau zu vermeiden.

Blüte

Blütezeit Ab Frühsommer.

Schnitt Als Schnittblume ungeeignet.

Nach der Blüte

Pflege Kompostieren. Kräftige Pflanzen in Töpfen frostfrei überwintern lassen.

Petunia

Petunie

'Fantasy Mixed' ist eine moderne Züchtung der 'Milliflora'-Petunien mit 2–3 cm großen Blüten – ideal für Balkone.

Multiflora-Petunien wie 'Summer Morn Mixed' haben 5 cm große Blüten.

Eigenschaften

Das Angebot an Petunien ist überaus reichhaltig, und man hat die Wahl, sie aus Samen zu ziehen oder junge Pflanzen zu kaufen. Die meisten Petunien werden als frostempfindliche Einjahresblumen kultiviert. Die aus Samen gezogenen teilen sich in folgende Kategorien auf: Millifloras mit kleinen, 2–3 cm großen Blüten für Balkonkästen und Ampeln; Multifloras, buschig, mit vielen etwa 5 cm großen Blüten, regenfest, für Beetbepflanzung und Gefäßkulturen; Floribundas von mittlerer Größe mit 7–8 cm großen Blüten und Grandifloras mit großen, trompetenförmigen Blüten, die stark regenempfindlich sind und geschützte Standorte benötigen. Alle werden 25–30 cm hoch und bis 60 cm breit und sind auch gefüllt blühend erhältlich. Der Pflanzabstand beträgt 25–30 cm. Die Blütenfarbe reicht von Einzelfarben in vielen Nuancen über geädert und gesternt bis zweifarbig. Viele Sorten sind auch als fertige Jungpflanzen erhältlich.
Immer häufiger werden Petunien-Züchtungen nur noch als vorgezogene Pflanzen angeboten, viele davon gefüllt blühend und besonders für Gefäßkulturen geeignet. Daneben gibt es Hängepetunien, die bis 1 m lange Triebe bilden (siehe Seite 78).

Petunia auf einen Blick

Die Einjahresblume ist leicht zu ziehen und bringt eine reiche Blüte in vielen Farben hervor. Verträgt keinen Frost.

Jan.	säen
Febr.	säen
März	säen/pikieren
April	umtopfen
Mai	abh./pflanzen
Juni	Blütezeit
Juli	Blütezeit
Aug.	Blütezeit
Sept.	Blütezeit
Okt.	/
Nov.	/
Dez.	/

Empfohlene Sorten

Petunia-Hybriden:

Milliflora
- 'Fantasy Mixed'

Multiflora
- 'Celebrity Bunting'
- 'Summer Morn Mixed'

Floribunda
- 'Mirage Mixed'
- 'Niagara Mixture'

Grandiflora
- 'Daddy Mix'
- 'Lavender Storm'

Standort

Standort Sonnige Standorte für Beetpflanzung, Kübel und Balkonkästen. Wind- und regengeschützt stellen.

Boden Leichte, gut durchlässige Böden mit verrottetem Stallmist oder Komposterde. Für

Die neue Petunien-Züchtung 'Able Mabel' hat halbgefüllte Blüten und ist nur als Jungpflanze erhältlich.

Gefäßkulturen Einheits- oder Balkonblumenerde verwenden.

Pflege

Aussaat Januar bis März bei einer Bodentemperatur von 21 °C. Die Samen in 9-cm-Töpfe mit Einheitserde streuen, aber nicht bedecken und an einen hellen Ort stellen. Die Keimlinge erscheinen innerhalb von zwei Wochen. Wenn die Sämlinge kräftig genug sind, in Multitopfschalen mit Einheitserde pikieren. Einzeln in 9-cm-Töpfe umsetzen, abhärten und Anfang Juni auspflanzen.

Düngen Wöchentliche Gaben von Flüssigdünger garantieren eine reiche Blüte. Erde für Gefäßkulturen mit Langzeitdünger anreichern.

Probleme Gegen Schneckenbefall mit Schneckenkorn vorsorgen, besonders bei feuchtem Wetter. Pflanzen mit verkrüppelten Blättern leiden unter einer Viruskrankheit und müssen vernichtet werden.

Blüte

Blütezeit Den Sommer über. Verblühtes abzupfen.

Schnitt Als Schnittblume ungeeignet.

Nach der Blüte

Pflege Nach der Blüte auf den Kompost geben.

Blau, Weiß und Rot sind die hervorstechenden Farben der Züchtung 'Celebrity Bunting'.

Phlox

Einjähriger Phlox

'Twinkle Mixed' ist eine leuchtende Varietät des Einjahresphlox mit sternförmigen Blüten in verschiedenen Farben.

Der Einjahresphlox hat mit Einzelblüten dicht besetzte Blütenstände, die den ganzen Sommer verschönen.

Eigenschaften

Der Einjahresphlox, auch Flammenblume genannt, wird für Beetbepflanzung, Gefäßkulturen und als Schnittblume verwendet. Die frostempfindliche Einjährige wird je nach Art und Sorte 10–45 cm hoch. Die hochwüchsigen eignen sich gut als Schnittblumen. Die Blütenfarben reichen von Blau und Weiß bis zu gemischten Nuancen wie 'Tapestry', die auch duftet. Die Blüten halten lange, die Pflanze ist pflegeleicht.

Phlox auf einen Blick

Einjähriger Phlox ist eine in vielen Farben üppig blühende Pflanze für Beete, Kübel und Schnitt. Winterhart bis –5 °C.

Jan.	/
Febr.	säen
März	säen/pikieren
April	kultivieren
Mai	abh./pflanzen
Juni	Blütezeit
Juli	Blütezeit
Aug.	Blütezeit
Sept.	Blütezeit
Okt.	/
Nov.	/
Dez.	/

Empfohlene Sorten

Phlox drummondii:
- 'African Sunset'
- 'Bobby Sox'
- 'Bright Eyes'
- 'Brilliant'
- 'Cecily Old & New Shades'
- 'Double Chanel'
- 'Phlox of Sheep'
- 'Tapestry'
- 'Tutti-Frutti'

Standort

Licht Vollsonnige Lagen.

Boden Gut durchlässige, feuchtigkeitsspeichernde Böden mit verrottetem Stallmist oder Komposterde. Für Gefäßkulturen Einheitserde verwenden.

Pflege

Aussaat Februar/März in 9-cm-Töpfe mit Einheitserde bei 18 °C Bodentemperatur. Die Keimlinge erscheinen nach 1–3 Wochen. In Multitopfschalen oder 9-cm-Töpfe pikieren. Wenn die Pflanzen etwa 10 cm hoch sind, Haupttrieb entspitzen. Bis Ende Mai abhärten und nach dem letzten Frost auspflanzen.

Düngen Vor dem Pflanzen in Gefäßkulturen Langzeitdünger unter die Einheitserde mischen, dann keine weitere Düngung erforderlich. Beetpflanzen im Sommer alle 2–3 Wochen flüssigdüngen.

Blüte

Blütezeit Den Sommer über bis zum ersten Frost.

Schnitt Hochwüchsige Sorten eignen sich für die Vase, manche, wie 'Tapestry', duften.

Nach der Blüte

Pflege Nach der Blüte auf den Kompost geben.

Portulaca

Portulakröschen

Neben den gefüllt blühenden, gemischen Varietäten des Portulakröschens gibt es auch Sorten in Einzelfarben.

In Regionen mit mildem Klima überwintert das Portulakröschen im Freiland und gedeiht auf sandigen Böden.

Eigenschaften

Die Pflanze mit den seidigen Blüten wird bis 15 cm hoch, hat fleischige Stengel und Blätter und wächst stark in die Breite. Die etwa 5 cm großen Blüten öffnen sich bei Sonnenschein, aber es gibt inzwischen neue Züchtungen, die auch bei trübem Wetter blühen. Magere Erde bekommt der frostempfindlichen Einjahresblume gut, zuviel Pflege ist eher nachteilig für das Wachstum. Gut geeignet für Beetbepflanzungen, Steingärten und Gefäßkulturen.

Portulaca auf einen Blick

Die Portulakrose ist eine im Sommer blühende Einjahresblume für magere Böden. Verträgt keinen Frost.

Jan.	/
Febr.	/
März	säen
April	säen
Mai	abh./pflanzen
Juni	Blütezeit
Juli	Blütezeit
Aug.	Blütezeit
Sept.	Blütezeit
Okt.	/
Nov.	/
Dez.	/

Empfohlene Sorten

Portulaca grandiflora:
- 'Cloudbeater Mixed'
- 'Double Mixed'
- 'Kariba Mixed'
- 'Patio Gems'
- 'Sundance'
- 'Sundial Mango'
- 'Sundial Mixed'
- 'Sundial Peppermint'
- 'Swanlake'

Standort

Licht Warme, sonnige Standorte.

Boden Die Erde muß leicht, gut durchlässig und entwässert sein. Ansonsten stellt die Pflanze keine besonderen Ansprüche an den Boden und kommt mit wenig Feuchtigkeit aus. Für Gefäßkulturen bis zu 50 Prozent Sand unter die Einheitserde mischen. Nur gießen, wenn die Blätter welk werden.

Pflege

Aussaat März/April in 9-cm-Töpfe mit Einheitserde. Hell stellen und bei 18 °C zum Keimen bringen. Die Pflänzchen eher trocken halten und in Multitopfschalen mit Einheitserde und grobem Sand pikieren. Ende Mai abhärten und nach dem letzten Frost verpflanzen, angießen und später nur noch wässern, wenn die Blätter welk werden.

Düngen Nicht erforderlich.

Probleme In feuchter Erde faulen die Wurzeln. Gegen Umfallkrankheit mit Fungizid leicht gießen.

Blüte

Blütezeit Während des Sommers bis in den Herbst.

Schnitt Als Schnittblume ungeeignet.

Nach der Blüte

Pflege Nach dem ersten Frost ausreißen.

PRIMULA

Primel

Die Züchtung 'Giant Superb Mixed' ist eine robuste Pflanze mit großen Blüten in vielen Farben.

Die Kissenprimel 'Crescendo Mixed' wird etwa 10 cm hoch und ist in groß- und kleinblumigen Sorten erhältlich.

EIGENSCHAFTEN

Polyantha-Hybriden sind ideal für Kübel wie auch für großflächige Pflanzung auf Gartenbeeten. Die leuchtenden Blüten werden bis 5 cm groß und stehen an 15 bis 30 cm hohen Stielen. Die Pflanze ist dicht belaubt und buschig. Primeln sind winterharte Mehrjährige und werden für Beete und Gefäßkulturen als Zweijährige gezogen. In vielen Sorten auch als Pflanzen erhältlich.

STANDORT

Licht Sonnige und halbschattige Standorte.

PRIMULA AUF EINEN BLICK

Robuste Zweijahresblume, blüht im Frühjahr im Beet wie im Kübel. Winterhart bis –15 °C.

Jan.	/
Febr.	Blütezeit
März	Blüte/säen
April	Blüte/säen
Mai	Blüte/säen
Juni	säen
Juli	säen
Aug.	kultivieren
Sept.	kultivieren
Okt.	pflanzen
Nov.	/
Dez.	/

EMPFOHLENE SORTEN

Polyanthus-Hybriden:
- 'Crescendo Mixed'
- 'Dobies Superb Mixed'
- 'Giant Superb Mixed'
- 'Gold Lace'
- 'Harlequin Mixed'
- 'Heritage Mixed'
- 'Large Flowered Mixed'
- 'Pacific Giants Mixed'
- 'Spring Rainbow'

Boden Gut durchlässige, mit Komposterde angereicherte, feuchtigkeitsspeichernde Böden. Die Pflanzen vertragen während der Wachstumsperiode keine Trockenheit. Für Kübelpflanzen Einheitserde verwenden und den Boden mit grobem Kies oder Tonscherben bedecken.

PFLEGE

Aussaat Die Anzucht aus Samen ist nicht leicht, denn wenn es zu warm ist, keimen sie nicht. Von März bis Juni in 9-cm-Töpfe mit Anzuchterde säen, nur leicht bedecken und an einen schattigen Platz ins Freie stellen. Die Keimlinge erscheinen nach 2–3 Wochen. In Multitopfschalen oder 9-cm-Töpfe pikieren. Wenn sich kräftige Wurzelballen gebildet haben, in größere Töpfe umsetzen. Im Sommer im Schatten kultivieren, feucht halten. Im Oktober ins Beet oder in Kübel verpflanzen.

Düngen Während des Sommers zweiwöchentlich mit Flüssigdünger.

Probleme Gegen Schneckenbefall Schneckenkorn streuen. Nicht mit Erde abdecken.

BLÜTE

Blütezeit Bei mildem Klima schon im Spätwinter und den ganzen Frühling hindurch.

Schnitt Für kleine Buketts und Sträußchen.

NACH DER BLÜTE

Pflege Gefäßkulturen unter Sträucher pflanzen, dort können sie jedes Jahr erneut blühen.

RANUNCULUS
Ranunkel, Hahnenfuß

Gefüllt blühende Blüten in leuchtenden Farben sind charakteristisch für Ranunculus asiaticus.

Nachdem die härtesten Fröste vorüber sind, kann man die Ranunkel schon ins Beet setzen, wo sie bald blüht.

EIGENSCHAFTEN

Die bedingt winterharten Sorten von *Ranunculus asiaticus* werden im Sommer und Herbst ausgesät und blühen im Winter und Frühling. Aus Samen gezogene Pflanzen werden etwa 20–25 cm hoch. Die Blüten sind gefüllt. Jungpflanzen werden ab Frühjahr angeboten und zum Eintopfen im Spätsommer/Herbst ausgeliefert. Sowie sie zu blühen beginnen, setzt man sie zu anderen Frühjahrsblumen in Kübeln im Kleingewächshaus oder auf der Veranda.

RANUNCULUS AUF EINEN BLICK

Die Ranunkel ist wegen ihrer großen, gefüllten Blüten beliebt, die im Frühjahr erscheinen. Winterhart bis –5 °C.

Jan.	kultivieren
Febr.	kultivieren
März	Blütezeit
April	Blütezeit
Mai	Blütezeit
Juni	/
Juli	/
Aug.	säen
Sept.	säen/pikieren
Okt.	säen
Nov.	kultivieren
Dez.	kultivieren

EMPFOHLENE SORTEN

Ranunculus-Hybriden:
'Bloomingdale Mixture'

STANDORT

Licht Sonnige Plätze wählen. Die Kübel bei sehr schlechtem oder kaltem Wetter schützen, damit die Blüten keinen Schaden nehmen.

Boden Für Töpfe, zum Umtopfen und für Gefäßkulturen Einheitserde verwenden.

PFLEGE

Aussaat August bis Oktober in 9-cm-Töpfe mit Einheitserde, die Samenkörner nur leicht bedecken. Im Freien in den Schatten stellen und feucht halten. Bei zuviel Wärme keimen die Samen nicht. Sobald die Keimlinge erscheinen, ins Helle stellen, und sobald sie kräftig genug sind, in 10-cm-Töpfe umsetzen. Im Freien bis zum ersten Frost kultivieren, dann nachts geschützt stellen, tagsüber wieder ins Freie. Im Winter zudecken und trocken halten.

Düngen Normalerweise nicht erforderlich.

Probleme Keine bekannt.

BLÜTE

Blütezeit Spätwinter und den ganzen Frühling über.

Schnitt Für die Vase schneiden, sobald sich die Knospen öffnen.

NACH DER BLÜTE

Pflege Pflanzen an geschützten Orten überwintern und im Frühjahr ins Beet pflanzen.

Reseda
Gartenreseda

Die kleinen Blüten der Reseda sind unscheinbar, aber ihr süßer Duft macht sie zu einer beliebten Gartenblume.

Wenn man Reseda an Wegrändern aussät, bekommt man schöne Beeteinfassungen.

Eigenschaften

Diese beliebte Gartenblume hat grünliche, rosa, rote, gelbe oder kupferfarbene Blüten und wird bis 30 cm hoch. Sie wird vor allem wegen ihres starken, fruchtigen Duftes geschätzt, den man am besten genießt, wenn man die Blumen in der Nähe von Fenstern und Terrassen kultiviert oder zu bunten Sommersträußen gibt. Die frostharte Einjährige ist leicht zu ziehen.

Reseda auf einen Blick

Eine aus Samen leicht zu ziehende Sommerblume, die wegen ihres Duftes geschätzt wird. Winterhart bis –15 °C.

Jan.	/
Febr.	/
März	säen
April	säen/ausd.
Mai	ausdünnen
Juni	Blütezeit
Juli	Blütezeit
Aug.	Blütezeit
Sept.	Blüte/säen
Okt.	säen
Nov.	/
Dez.	/

Empfohlene Sorten

Reseda odorata:
- 'Crown Mixture'
- 'Fragrant Beauty'
- 'Machet'
- 'Sweet Scented'

Standort

Licht Braucht volle Sonne.

Boden Gut durchlässige, mit Humus angereicherte Erde. Saure Böden aufkalken.

Pflege

Aussaat März/April oder September/Oktober. Die Samen ins vorgesehene Beet in 1 cm Furchen säen. Rillenabstand 15 cm. Auf 15 cm ausdünnen. Im Herbst ausgesäte Pflanzen werden bei Kälteeinbrüchen unter Folientunnel gestellt und erst im Frühjahr vereinzelt. Bei Aussaat in Multitopfschalen auf 2–3 Sämlinge ausdünnen, kultivieren und die jungen Pflanzen ins Freie setzen. Reseda ungestört heranwachsen lassen.

Düngen Zusatzdüngung meist nicht erforderlich.

Probleme Keine bekannt.

Blüte

Blütezeit Bei Herbstaussaat ab Spätfrühling, im Frühjahr ausgesäte Pflanzen blühen später.

Schnitt Für die Vase schneiden, sobald sich einige Blüten geöffnet haben. Die ausgetrockneten Blumen duften weiter.

Nach der Blüte

Pflege Einige für Selbstaussaat stehen lassen.

RICINUS
Rizinusstrauch, Wunderbaum

Die Züchtung 'Impala' wird über 1 m hoch und ist eine ausgezeichnete Wahl, wenn Sie dunkles Laub lieben.

Bei dichter Pflanzung im Abstand von 60–90 cm bilden die großen Blätter des Rizinusstrauchs einen guten Sichtschutz.

EIGENSCHAFTEN

Eine auffallende, eindrucksvolle Pflanze, die vor allem wegen ihrer großen, ahornähnlichen Blätter kultiviert und für Beetbepflanzung, Einfassungen und Gefäßkulturen verwendet wird. Auf die meist hellfarbigen Blüten im Sommer folgen die dekorativen feurigroten, stacheligen Samenkapseln. Der von Natur aus immergrüne Strauch ist schnellwüchsig und wird bei uns als einjährige Pflanze aus Samen gezogen. In langen, warmen Sommern wird sie fast 2 m hoch. Zur Unterpflanzung eignen sich Kletterpflanzen wie Schwarzäugige Susanne (*Thunbergia*). Alle Teile der Pflanze, insbesondere die Samen, sind giftig.

RICINUS AUF EINEN BLICK

Eine Einjährige mit ahornähnlichen Blättern in verschiedenen Farbtönen. Verträgt keinen Frost.

Jan.	/
Febr.	/
März	säen
April	umtopfen
Mai	abh./pflanzen
Juni	Laub
Juli	Laub
Aug.	Laub
Sept.	Laub
Okt.	/
Nov.	/
Dez.	/

EMPFOHLENE SORTEN

Ricinus communis:
- 'Carmencita'
- 'Carmencita Pink'
- 'Impala'
- 'Gibbsonii'
- 'Red Spire'
- 'Zanzibarensis'

STANDORT

Licht Braucht viel Sonne und geschützte, nach Süden gerichtete Standorte.

Boden Gut durchlässige Böden mit verrottetem Stallmist oder Komposterde. Für Gefäßkulturen Einheitserde verwenden. An windigen Plätzen mit Stäben stützen.

PFLEGE

Aussaat Aussaat im März. Die harten Samen über Nacht in warmem Wasser einweichen, dann einzeln 5 cm tief in 9-cm-Töpfe mit Einheitserde stecken und 21 °C warm halten. Die Keimlinge erscheinen innerhalb von drei Wochen. Die etwa 15 cm hohen Pflänzchen in größere Töpfe umsetzen und nach dem letzten Frost ins Freie verpflanzen; Abstand 1–2 m.

Düngen Von Frühsommer an wöchentlich flüssigdüngen oder vor dem Pflanzen Langzeitdünger unter die Erde mischen.

Probleme Bei Befall der Blätter durch die Rote Spinne, Blätter täglich feucht absprühen oder mit Mineralöl spritzen.

BLÜTE

Blütezeit Sommer und Herbst.

Schnitt Die großen Blätter eignen sich für Blumengestecke, aber den Saft nicht auf die Haut gelangen lassen.

NACH DER BLÜTE

Pflege Beim ersten Frost stirbt die Pflanze. Die reifen Samen werden aufgehoben und im nächsten Frühling ausgesät.

RUDBECKIA

Sonnenhut

Der Sonnenhut ist eine dankbare Sommerblume mit kräftigen Stengeln und großen, margeritenähnlichen Blüten in Farbtönen von Gelb und Braun mit kräftig aufgewölbter, dunkler Scheibe. Sie wird bevorzugt für die Beetbepflanzung herangezogen.

EIGENSCHAFTEN

Der als üppig blühende einjährige Spätsommerblume sehr beliebte Sonnenhut ist leicht zu ziehen und erfordert wenig Pflege. Die Pflanzen werden je nach Sorte 25–90 cm hoch, die niederen eignen sich auch für Kübel und als Lückenfüller. Die margeritenähnlichen Blüten sind meist gelb oder braun und teilweise gefüllt.

STANDORT

Licht Die Rudbeckie braucht viel Sonne.

RUDBECKIA AUF EINEN BLICK

Der Sonnenhut hat große, stattliche Blüten und eignet sich für Beetbepflanzungen und Kübel. Winterhart bis –15 °C.

Jan.	/
Febr.	säen
März	säen/pikieren
April	kultivieren
Mai	abh./pflanzen
Juni	Blütezeit
Juli	Blütezeit
Aug.	Blütezeit
Sept.	Blütezeit
Okt.	Blütezeit
Nov.	/
Dez.	/

EMPFOHLENE SORTEN

Rudbeckia hirta:

Hochwüchsige Sorten
'Goldilocks'
'Indian Summer'
'Marmalade'
'Rustic Dwarfs'

Niedrige Sorten
'Becky Mixed'
'Sonora'
'Toto'

Grüne Scheibe
'Irish Eyes'

Boden Gut durchlässige Böden. Vor dem Pflanzen verrotteten Stallmist oder Komposterde einarbeiten. Für Gefäßkulturen Einheitserde mit Langzeitdünger verwenden.

PFLEGE

Aussaat Februar/März in Multitopfschalen mit Einheitserde bei 18 °C. Die Keimlinge erscheinen nach 1–2 Wochen, entwickeln sich rasch und werden in Töpfe pikiert. Für die hochwüchsigen Sorten größere Töpfe verwenden, in denen die Wurzeln genügend Platz finden. Ab Mitte Mai ins Freie bringen und bei drohendem Frost mit Hauben schützen. Nach dem letzten Frost in 15–60 cm Abstand auspflanzen.

Düngen Im Gartenbeet braucht die genügsame Pflanze keine Zusatzdüngung. Gefäßkulturen flüssigdüngen oder Langzeitdünger unter die Pflanzerde mischen.

Probleme Gegen Schnecken Schneckenkorn streuen.

BLÜTE

Blütezeit Hochsommer bis in den Herbst hinein. Welke Blüten entfernen, dann kann die Blüte bis zum ersten Frost anhalten.

Schnitt Gute Schnittblume. Besonders eindrucksvoll ist 'Gloriosa Daisy' mit riesigen goldgelben, kupferroten oder braunen Blüten.

NACH DER BLÜTE

Pflege Nach dem Frost auf den Kompost geben.

Salpiglossis

Trompetenzunge

Die Blütenblätter der Trompetenzunge sind mit einem dichten Netz aus Äderchen überzogen.

Bei breitwürfiger Aussaat auf großen Flächen ergeben farbig gemischte Sorten ein eindrucksvolles Bild.

Eigenschaften

Das Farbspektrum der Trompetenzunge ist groß, und es gibt bläulich, gelb, rötlich und bräunlich geäderte Sorten. Die Pflanze braucht Wärme und Schutz, um sich kräftig zu entwickeln, und eignet sich für Gefäßkulturen auf windgeschützten Südterrassen. Die einjährige Sommerblume wird meist nur als 'Prachtmischung' angeboten und wird bis 60 cm hoch. Auch als Jungpflanzen erhältlich.

Standort

Licht Vollsonnige, windgeschützte Standorte.

Salpiglossis auf einen Blick

Die kälteempfindliche Einjährige braucht einen geschützten Platz im Garten. Verträgt keinen Frost.

Jan.	/
Febr.	säen
März	pikieren/säen
April	kultivieren
Mai	abh./pflanzen
Juni	Blütezeit
Juli	Blütezeit
Aug.	Blütezeit
Sept.	Blütezeit
Okt.	/
Nov.	/
Dez.	/

Empfohlene Sorten

Salpiglossis sinuata:
- 'Batik'
- 'Bolero'
- 'Carnival'
- 'Casino'
- 'Chili Blue'
- 'Chocolate Pot'
- 'Chocolate Royale'
- 'Festival Mixed'
- 'Flamenco Mixed'
- 'Kew Blue'
- 'Triumph Mixed'

Boden Der Boden muß gut entwässert sein, sonst fault die Pflanze. Bei der Vorbereitung des Bodens vor dem Pflanzen reichlich verrotteten Stallmist oder Komposterde untergraben. Für Gefäßkulturen Einheitserde verwenden und zur besseren Entwässerung 5 cm Kies auf den Boden geben. Hochwüchsige Sorten bei Beginn der Blüte mit Stäben stützen.

Pflege

Aussaat Februar/März Samen in 9-cm-Töpfe streuen und leicht bedecken. Hell stellen und bei 24 °C halten. Sobald die Sämlinge kräftig genug sind, in Multitopfschalen oder 9-cm-Töpfe pikieren. Ende Mai abhärten und Anfang Juni ins Freie setzen. Vorsichtig behandeln, Stengel sind spröde.

Düngen Beetpflanzen brauchen normalerweise nur wenig gedüngt zu werden, aber für Gefäßkulturen empfiehlt sich Flüssigdüngung alle zwei Wochen oder Langzeitdünger zur Pflanzerde. Reichlich gießen.

Probleme Blüten sind sehr empfindlich gegen Wind und starken Regen. Verwelktes abzupfen, damit sich auf den feuchten Blütenblättern kein Mehltau bildet und Fäulnis eintritt.

Blüte

Blütezeit Den ganzen Sommer über.

Schnitt Die Stengel sind zu schwach für die Vase.

Nach der Blüte

Pflege Nach dem Frost auf den Kompost geben.

Salvia

Salvie, Feuersalbei

Falls Ihnen das Rot zu intensiv ist, haben Sie die Wahl unter farbig gemischten Sorten in vielen Pastelltönen.

Wenn Sie den Feuersalbei in Schalen oder Trögen kultivieren, müssen Sie den Sommer hindurch reichlich gießen.

Eigenschaften

Salvia splendens wird in dichten Gruppen in Beete gepflanzt oder als Kübelpflanze verwendet. Die meisten Züchtungen werden bis 30 cm hoch und ebenso breit, hochwüchsige wie die rot blühende 'Rambo' erreicht eine Höhe von etwa 60 cm. Außer in leuchtenden Scharlachrot blüht sie in Pastelltönen sowie in Nuancen von Pink, Dunkelviolett und Lachsrosa. Man bekommt sie in Einzelfarben oder als Mischungen. Die eigentlich mehrjährige Pflanze wird bei uns als kälteempfindliche Einjahresblume gezogen. Fertige Jungpflanzen sind erhältlich.

Salvia auf einen Blick

Die dekorativen Blütenstände dieser Einjährigen eignen sich für Beete und Kübel. Verträgt keinen Frost.

Jan.	/
Febr.	säen
März	säen/pikieren
April	kultivieren
Mai	abh./pflanzen
Juni	Blütezeit
Juli	Blütezeit
Aug.	Blütezeit
Sept.	Blütezeit
Okt.	/
Nov.	/
Dez.	/

Empfohlene Sorten

Salvia splendens:
'Blaze of Fire'
'Firecracker'
'Orange Zest'
'Phoenix Mixed'
'Phoenix Purple'
'Rambo'
'Red Arrow'
'Scarlet King'
'Scarlet O'Hara'
'Sizzler Burgundy'
'Sizzler Mixed'

Standort

Licht Warme Lagen mit viel Sonne.

Boden Gedeiht in normalen Böden, die jedoch gut durchlässig sein müssen. Reichlich verrotteten Stallmist oder Komposterde unter die Krume mischen. Für Gefäßkulturen und Balkonkästen Einheitserde verwenden. Für gute Entwässerung sorgen.

Pflege

Aussaat Februar/März in 9-cm-Töpfe mit Einheitserde. Die Samen leicht bedecken, hell stellen und bei 18 °C halten. Die Keimlinge erscheinen nach 2–3 Wochen. In Multitopfschalen oder Töpfe pikieren, Ende Mai abhärten und nach dem letzten Frost verpflanzen. Abstand 15–30 cm.

Düngen Beetpflanzen monatlich flüssigdüngen. Vor dem Pflanzen Langzeitdünger unter die Krume mischen.

Probleme Schwere, feuchte Böden können Wurzelfäule verursachen. Gegen Schnecken Schneckenkorn ausstreuen.

Blüte

Blütezeit Verblühte Rispen zurückschneiden, um die Blüte bis zum Spätsommer zu verlängern.

Schnitt Als Schnittblume ungeeignet.

Nach der Blüte

Pflege Nach der Saison ausreißen und auf den Kompost geben.

Scabiosa
Skabiose

Für Blumengärten im ländlichen Stil eignet sich die rosa Skabiose in Kombination mit weißen Scheifenblumen.

Die Skabiose ist ein sehr dankbarer Lückenfüller und kann für die Sommerblüte ab März ins Freie ausgesät werden.

Eigenschaften

Varietäten der Samt-Skabiose sind leicht zu ziehende frostharte Sommerblumen. Die runden Blütenköpfe blühen in Nuancen von Blau, Hellviolett, Purpur, Pink und Scharlachrot sowie weiß. Die Pflanze hat drahtartige Stengel, wird 30–50 cm hoch und eignet sich in Gruppen für Beete und Rabatten sowie als Lückenfüller.

Scabiosa auf einen Blick

Leicht zu ziehende Einjahresblume mit gefüllten Blütenköpfen für Beete und zum Schnitt. Winterhart bis –15 °C.

Jan.	/
Febr.	/
März	säen
April	säen/ausdün.
Mai	ausdünnen
Juni	Blüte/ausdün.
Juli	Blütezeit
Aug.	Blütezeit
Sept.	Blütezeit
Okt.	/
Nov.	/
Dez.	/

Empfohlene Sorten

Scabiosa atropurpurea:
- 'Ace of Spades'
- 'Border Hybrids'
- 'Dobies Giant Hybrids'
- 'Double Mixed'
- 'Dwarf Double Mixed'
- 'Tall Double'

Scabiosa stellata:
- 'Paper Moon'

Standort

Licht Vollsonnige, windgeschützte Standorte.
Boden Gut durchlässige Böden. Vor dem Pflanzen mit verrottetem Stallmist oder Komposterde anreichern.

Pflege

Aussaat März/April ins endgültige Beet in 1 cm tiefe Furchen. Bis Frühsommer auf 15–30 cm ausdünnen und frei von Unkraut halten.
Düngen Im Sommer ist keine zusätzliche Düngung erforderlich.
Probleme Keine bekannt.

Blüte

Blütezeit Hochsommer bis Spätsommer.
Schnitt Ausgezeichnete Schnittblume, die sich in der Vase lang hält.

Nach der Blüte

Pflege Nach der Blüte zum Kompost geben.

SCHIZANTHUS

Spaltblume

Die abwechslungsreich gezeichneten Blüten der Spaltblume wirken exotisch wie Orchideen.

Sehr attraktiv und von frischem Grün ist das gefiederte, farnähnliche Laub der Spaltblume.

EIGENSCHAFTEN

Die auch als »Orchidee des kleinen Mannes« bekannte Einjahresblume ist eine Augenweide in Blumenbeeten oder als Kübelpflanze. Sie hat leuchtende Trichterblüten in Pink, Violett, Burgunderrot, Lachs- und Hellrosa. Der Schlund der Blüten ist gefleckt oder getigert. Nur die 20–30 cm hohen Zwergsorten eignen sich für die Beetbepflanzung, müssen aber vor Wind und Mittagssonne geschützt werden. *Schizanthus* ist stark frostempfindlich, und das Laub darf nicht naß werden.

SCHIZANTHUS AUF EINEN BLICK

Eine kälteempfindliche Sommerblume für Gefäßkulturen oder Beete in geschützten Südlagen. Verträgt keinen Frost.

Jan.	/
Febr.	/
März	säen
April	pikieren
Mai	abhärten
Juni	pfl./Blüte
Juli	Blütezeit
Aug.	Blütezeit
Sept.	Blütezeit
Okt.	/
Nov.	/
Dez.	/

EMPFOHLENE SORTEN

Schizanthus wisetonensis:
- 'Angel Wings Mixed'
- 'Disco'
- 'My Lovely'
- 'Pierrot'
- 'Star Parade'

STANDORT

Licht Vollsonnige, geschützte Standorte.

Boden Gut durchlässige, mit verrottetem Stallmist oder Komposterde angereicherte Böden. Für Gefäßkulturen Einheitserde oder Balkonblumenerde verwenden.

PFLEGE

Aussaat Im März in kleine Töpfe mit Einheitserde bei 16 °C Bodentemperatur. Die Keimlinge erscheinen nach 1–2 Wochen. In Multitopfschalen oder 9-cm-Töpfe pikieren, während des Frühlings kultivieren, abhärten und Anfang Juni ins Freiland verpflanzen. Abstand 15–30 cm. Die etwa 10 cm hohen Jungpflanzen entspitzen, damit sie buschig werden.

Düngen Monatlich mit Flüssigdünger. Kübelpflanzen regelmäßig wässern. Wenn Langzeitdünger zur Pflanzerde gegeben wurde, ist weiteres Düngen nicht erforderlich.

Probleme Keine bekannt.

BLÜTE

Blütezeit Im Hoch- und Spätsommer erreicht die Blüte ihren Höhepunkt. Welke Stengel regelmäßig entfernen.

Schnitt Als Schnittblume nur bedingt geeignet.

NACH DER BLÜTE

Pflege Abgestorbene Pflanzen kompostieren.

Senecio

Aschenblume, Greiskraut, Kreuzkraut

Die grünen Blätter des Greiskrauts sind von filzigen Härchen bedeckt, die dem Laub silbrigen Schimmer verleihen.

Wenn es gelingt, das Silberblatt über den Winter zu bringen, erscheinen im nächsten Jahr die gelben Blütenstände.

Eigenschaften

Die wegen ihres attraktiven silberfilzigen Laubs auch Silberblatt genannte Pflanze wächst bei uns als Einjährige. In manchen Samenkatalogen wird sie unter der alten Bezeichnung *Maritima Cineraria* geführt. Sie wird bis 60 cm hoch und eignet sich für Beetbepflanzung und Gefäßkulturen. Läßt man sie draußen überwintern, wird sie im Folgejahr doppelt so hoch, und es erscheinen kleine, gelbe Blüten.

Senecio auf einen Blick

Die wegen ihres silbrig-grünen Laubs geschätzte Pflanze eignet sich für Beete und Kübel. Winterhart bis –5 °C.

Jan.	/
Febr.	säen
März	säen
April	pikieren
Mai	abh./pflanzen
Juni	Laub
Juli	Laub
Aug.	Laub
Sept.	Laub
Okt.	Laub
Nov.	/
Dez.	/

Empfohlene Sorten

Senecio cineraria:

Gelappte Blätter
'Diamant'
'Silver Dust'

Runde Blätter
'Cirrus'

Standort

Licht Die Pflanze braucht vollsonnige Lagen.

Boden Gut entwässerte, lehmig-sandige Gartenerde. Für Gefäßkulturen Einheitserde.

Pflege

Aussaat Februar/März in Töpfe mit Pflanzerde säen, nur leicht bedecken bei 20 °C. Hell stellen. Nach 1–2 Wochen erscheinen die Keimlinge. Pflanzerde nicht zu feucht. In Multitopfschalen oder Töpfen pikieren, kultivieren, Ende April abhärten, im Mai ins Freie setzen. Abstand etwa 30 cm.

Düngen Kübelpflanzen müssen alle zwei Wochen flüssiggedüngt und regelmäßig gegossen werden. Im Freiland vertragen sie Trokkenheit, gießen, wenn länger anhaltend.

Probleme Gegen Umfallkrankheit Fungizid zum Gießwasser geben.

Blüte

Blütezeit Die silbrigen Blätter sind eine Zierde während des gesamten Sommers.

Schnitt Das Laub für Gestecke verwenden.

Nach der Blüte

Pflege Im Herbst entfernen. Überwintert sie in gemäßigten Zonen draußen, wird sie im Folgejahr blühen.

SOLENOSTEMON

Coleus, Buntnessel

'Black Dragon' ist eine moderne Züchtung der Buntnessel mit dunkel geränderten roten Blättern.

Die individuelle Laubfärbung zeigt sich schon bei den Jungpflanzen und ermöglicht reizvolle Kombinationen.

EIGENSCHAFTEN

In Samenkatalogen findet man diese Blattpflanze unter der Bezeichnung »Coleus«. Es gibt viele Arten mit verschiedenfarbigem Laub, die bei uns als Zimmerpflanzen verbreitet sind, sich aber auch für Beete und Kübel eignen und einen Hauch der Tropen in den Sommergarten bringen. Mit den grün, rosa, braun, rot, gelb und orange gefärbten, gefleckten Blättern lassen sich eindrucksvolle Farbtupfer setzen. Die Pflanze wird je nach Varietät 20–40 cm hoch, und die Blüten müssen entfernt werden, sobald sie erscheinen, sonst treibt die Pflanze keine Blätter mehr. Auch als Jungpflanzen erhältlich.

STANDORT

Licht Braucht viel Sonne und Schutz vor Wind.

SOLENOSTEMON AUF EINEN BLICK

Die Blattpflanze wird wegen der abwechslungsreichen Farben des Laubs geschätzt. Verträgt keinen Frost.

Jan.	/
Febr.	/
März	säen
April	pikieren
Mai	abh./pflanzen
Juni	Laub
Juli	Laub
Aug.	Laub
Sept.	Laub
Okt.	/
Nov.	/
Dez.	/

EMPFOHLENE SORTEN

Coleus blumli:
- 'Black Dragon'
- 'Camelot Mixed'
- 'Dragon Sunset & Volcano, Mixed'
- 'Fairway'
- 'Flame Dancers'
- 'Magic Lace'
- 'Salmon Lace'
- 'Top Crown'
- 'Wizard Mixed'

Boden Damit sich das Laub kräftig färbt, muß die Erde gut durchlässig sein und vor dem Pflanzen mit verrottetem Stallmist oder Komposterde angereichert werden. Für Gefäßkulturen Einheitserde mit Langzeitdünger verwenden.

PFLEGE

Aussaat Im März in 9-cm-Töpfe mit Einheitserde. Die Samen nur auf die Oberfläche streuen und nicht bedecken. Ins Licht stellen und 24 °C warm halten. Die Samen brauchen lange, um zu keimen. Wenn die Sämlinge kräftig genug sind, in Multitopfschalen oder 9-cm-Töpfe pikieren. Triebspitzen ausbrechen, damit die Pflanze buschig wird und dichtes Laub hervorbringt. Ende Mai abhärten und nach dem letzten Frost verpflanzen. Abstand 15–30 cm.

Düngen Zur Förderung des Laubwuchses im Sommer alle zwei Wochen flüssigdüngen. Falls Langzeitdünger in die Pflanzerde eingearbeitet wurde, nur monatlich einmal Flüssigdünger zum Gießwasser geben.

Probleme Gegen Schneckenbefall Schneckenkorn ausstreuen.

BLÜTE

Blütezeit Um den Laubwuchs zu fördern, die Blüten gleich nach Erscheinen entfernen. Die Laubfärbung bleibt bis zum ersten Frost.

Schnitt Für die Vase ungeeignet.

NACH DER BLÜTE

Pflege Pflanzen, die man behalten möchte, im Herbst in Töpfe setzen und im frostgeschützten Kleingewächshaus oder einem kühlen Raum überwintern lassen. Im nächsten Frühjahr Stecklinge abnehmen.

Tagetes

Studentenblume, Sammetblume

Die kleinen Blüten der Tagetes tenuifolia *wirken bunter und zierlicher als die gefüllten Blütenköpfe anderer Arten.*

Gefüllte Blüten in Einzelfarben eignen sich gut zur Kombination mit anderen Sommerblumen in gemischten Beeten.

Eigenschaften

Es gibt eine große Zahl von Züchtungen dieser Sommerblume, und alle sind einfach zu ziehen. Die *Tagetes*-Hybriden mit einfachen und gefüllten Blüten erfreuen mit einem großen Farbenreichtum: verschiedene Abstufungen von Orange, Rot, Gelb und Braun. Niedere Sorten werden etwa 15 cm hoch, die hochwüchsigen mit großen Blüten bis 90 cm. Die dankbare Pflanze eignet sich für Beete, Rabatten und Gefäßkulturen. Die buschig wachsende *Tagetes tenuifolia* mit kleinen margeritenähnlichen Blüten ist sehr reichblühend und gegen Regen unempfindlich.

Tagetes auf einen Blick

Die in vielen Farben blühende kälteempfindliche Sommerblume eignet sich für Beete und Kübel. Verträgt keinen Frost.

Jan.	/
Febr.	säen
März	säen
April	säen/pikieren
Mai	abh./pflanzen
Juni	Blütezeit
Juli	Blütezeit
Aug.	Blütezeit
Sept.	Blütezeit
Okt.	/
Nov.	/
Dez.	/

Empfohlene Sorten

Tagetes erecta:
- 'Inca Mixed'
- 'Shaggy Maggy'
- 'Vanilla'

Tagetes patula:
- 'Boy O'Boy Mixed'
- 'Bonita'
- 'Mr Majestic'

Tagetes tenuifolia:
- 'Gnom'
- 'Lulu'

Standort

Licht *Tagetes* braucht vollsonnige Standorte.

Boden Gedeiht auf nahezu allen Böden, die man mit verrottetem Stallmist oder Komposterde anreichern sollte. Für Gefäßkulturen Einheitserde mit Langzeitdünger nehmen.

Pflege

Aussaat Februar bis Mai. In Töpfe auf der Fensterbank aussäen, die Sämlinge entwickeln sich rasch. Die Samen nur leicht mit Erde bedecken und 21 °C warm halten. Nach einer Woche zeigen sich die Keimlinge. In Multitopfschalen pikieren, kultivieren, Ende Mai abhärten und nach dem letzten Frost ins Freie setzen. Alle Blütenknospen entfernen, die vor dem Auspflanzen und zwei Wochen danach erscheinen.

Düngen Alle zwei Wochen mit Flüssigdünger. Kübelpflanzen häufig gießen.

Probleme Bei feuchtwarmem Wetter können Schnecken die Pflanzen über Nacht kahlfressen. Schneckenkorn streuen.

Blüte

Blütezeit Zeitige Aussaat bringt eine frühe Blüte. Sät man später aus, blüht die Studentenblume erst ab Hochsommer.

Schnitt Hohe *T.-erecta*-Hybriden eignen sich gut als Schnittblumen.

Nach der Blüte

Pflege Nach der Blüte Pflanzen entfernen.

THUNBERGIA
Schwarzäugige Susanne

Die einjährige Schwarzäugige Susanne läßt sich aus Samen leicht heranziehen, wenn man sie in kleine Töpfe sät und umpflanzt, ohne die Wurzelballen zu beschädigen. Damit sich die Triebe kräftig verzweigen, werden die Jungpflanzen entspitzt.

EIGENSCHAFTEN

Thunbergia blüht orange, gelb oder weiß mit schwarzen Augen. Sie wird als einjährige Sommerblume für drinnen und draußen gezogen. Im Freien, sei es im Beet oder in Kübeln, stellt man Kletterhilfen auf, an denen sie sich bis 1,5 m Höhe emporrankt, üppig blüht und einen guten Sichtschutz bietet. Bei Pflanzung in Gefäßkulturen kann man andere hochwüchsige Einjährige wie Rizinusstrauch oder Sonnenblume dazu stellen, oder man setzt sie im Frühsommer unter Sträucher und Bäumchen. In kühlen Regionen blüht die Schwarzäugige Susanne reichlich und lang in Wintergärten oder auf der geschützten Veranda. Die Samenkapseln bilden sich rasch, und man entfernt sie regelmäßig, damit die Blüte möglichst lange anhält.

THUNBERGIA AUF EINEN BLICK

Eine dankbare, reich blühende Kletterpflanze für Kübel, Kästen und zur Unterpflanzung. Verträgt keinen Frost.

Jan.	/
Febr.	/
März	säen
April	umtopfen
Mai	abh./pflanzen
Juni	Blütezeit
Juli	Blütezeit
Aug.	Blütezeit
Sept.	Blütezeit
Okt.	/
Nov.	/
Dez.	/

EMPFOHLENE SORTEN

Thunbergia alata:
'Susie Mix'

STANDORT

Licht Ein sonniger Platz auf der Südseite ist vorteilhaft. In Wintergärten vor direkter Sonne schützen, sonst verbrennen die Blätter.

Boden Gut durchlässige, feuchtigkeitsspeichernde Böden. Erde mit verrottetem Stallmist oder Gartenkompost anreichern.

PFLEGE

Aussaat Im März. Samen über Nacht einweichen und jeweils drei Körner in 9-cm-Töpfe geben. Die Erde 18 °C warm halten. Es dauert lange, bis die Keimlinge erscheinen, manchmal bis zu einen Monat. Die jungen Pflänzchen mit Stäben stützen. Im Mai einige Pflanzen in größeren Töpfen kultivieren, abhärten und nach dem letzten Frost auspflanzen. Die Wurzelballen vorsichtig behandeln.

Düngen Im Sommer wöchentlich flüssigdüngen.

Probleme Rote Spinne, Weiße Fliege und Blattläuse mit geeigneten Mitteln bekämpfen.

BLÜTE

Blütezeit Den Sommer über. Die Blüte hält länger an, wenn die Pflanze geschützt steht.

Schnitt Als Schnittblume ungeeignet.

NACH DER BLÜTE

Pflege Verblühtes abzupfen. Im Freiland Pflanzen nach dem Frost ausreißen.

Tithonia

Tithonie

Die dahlienähnlichen Blüten der Tithonia *können 7–8 cm groß werden und verbreiten einen Hauch von Exotik.*

Das saftig grüne, herzförmige Laub der Tithonie trägt zu ihrer großen Beliebtheit bei.

Eigenschaften

Titonia ist in den Tropen heimisch und wird bei uns als frostempfindliche Einjahresblume kultiviert. Die Züchtung 'Fiesta del Sol' wird bis 30 cm hoch, 'Fackel' kann eine Höhe von 1,2 m erreichen. Die großen, dahlienähnlichen, rot-orangefarbenen Blüten wirken exotisch.

Standort

Licht Die Pflanze braucht viel Sonne.

Tithonia auf einen Blick

Empfindliche Einjahresblume mit großen, orangefarbenen Blüten auf kräftigen Stengeln. Verträgt keinen Frost.

Jan.	/
Febr.	säen
März	säen
April	säen/pikieren
Mai	abh./pflanzen
Juni	Blütezeit
Juli	Blütezeit
Aug.	Blütezeit
Sept.	Blütezeit
Okt.	/
Nov.	/
Dez.	/

Empfohlene Sorten

Tithonia rotundifolia:

Hochwüchsige Sorten
'Goldfinger'
'Fackel'

Niedrige Sorten
'Fiesta del Sol'

Boden Gut entwässerter Boden. An windgeschützte Standorte pflanzen. Unter ungünstigen Wachstumsbedingungen neigt *Tithonia* zum Ausbleichen und Vergilben. Falls die Gartenerde zu schwer und feucht ist, sind Gefäßkulturen mit Einheitserde besser.

Pflege

Aussaat Februar bis April in 9-cm-Töpfe mit Einheitserde. Die Samen nur leicht bedecken und an einem warmen Ort bei 18 °C zum Keimen bringen. Einzeln in 9-cm-Töpfe oder Multitopfschalen pikieren. 2–3 Wochen abhärten und im Frühsommer, nachdem sich der Boden erwärmt hat, ins Freie verpflanzen. Wenn Sämlinge oder Jungpflanzen gelb werden, stehen sie zu kühl. Anfang Juni ist Aussaat im Freien möglich.

Düngen In Gefäßkulturen Flüssigdünger alle zwei Wochen.

Probleme Gegen Schnecken Schneckenkorn streuen.

Blüte

Blütezeit Ab Hochsommer bis in den Herbst.

Schnitt Als Schnittblume geeignet.

Nach der Blüte

Pflege Die abgestorbenen Pflanzen nach der Blüte ausreißen. Unter günstigen Umständen ist Selbstaussaat möglich.

TORENIA
Torenie

Eine niedere, in die Breite wachsende Sommerblume für Beeteinfassungen und Gefäßkulturen.

Geschützte Lagen sind Voraussetzung für eine gute Entwicklung der Torenia.

EIGENSCHAFTEN

Auf Beeten mit Sommerblumen verlangt *Torenia* einen Platz in der ersten Reihe und eignet sich für die Unterpflanzung in Kübeln und Trögen. Die Varietät 'Susie Wong' hat leuchtend gelbe Blüten mit schwarzem Schlund. Die frostempfindliche Einjahresblume wird 30 cm hoch.

STANDORT

Licht Vollsonnige, geschützte Lagen.

Boden Gut durchlässige Böden im Freien wie in Gefäßkulturen. Erde vor dem Pflanzen mit verrottetem Stallmist oder Komposterde bzw. mit Langzeitdünger anreichern. Für Gefäßkulturen Einheitserde verwenden. Die Pflanze verträgt keinen Wind.

TORENIA AUF EINEN BLICK

Eine Einjahresblume mit schönen Blüten für Beeteinfassungen und Gefäßkulturen. Verträgt keinen Frost.

Jan.	/
Febr.	/
März	säen
April	säen/pikieren
Mai	abhärten
Juni	pfl./Blüte
Juli	Blütezeit
Aug.	Blütezeit
Sept.	Blütezeit
Okt.	/
Nov.	/
Dez.	/

EMPFOHLENE SORTEN

Torenia fournieri:
'Clown Mixed'
'Susie Wong'

PFLEGE

Aussaat März/April. Die winzigen Samen in Töpfe oder Anzuchtschalen streuen, nur leicht bedecken und an einem hellen Platz 18 °C warm halten. Wenn die Sämlinge kräftig genug sind, werden sie in Multitopfschalen pikiert, bis Ende Mai kultiviert und einige Zeit nach den Eisheiligen ins Freie oder in Kübel verpflanzt. Abstand 15 cm. Für 40-cm-Ampeln nimmt man fünf Pflanzen, eine für die Mitte, die übrigen darum herum. 'Susie Wong' paßt gut zu anderen Blütenpflanzen.

Düngen Alle 2–3 Wochen mit Flüssigdünger.

Probleme Keine bekannt.

BLÜTE

Blütezeit Den ganzen Sommer über.

Schnitt Als Schnittblume ungeeignet.

NACH DER BLÜTE

Pflege Nach der Blüte werden die Pflanzen entfernt. Manchmal sät sich *Torenia* selbst aus und blüht im nächsten Jahr wieder.

TROPAEOLUM

Kapuzinerkresse

'Moonlight' ist eine rankende Sorte der Kapuzinerkresse mit hellgelben Blüten und erreicht eine Höhe bis 2 m.

Besonders attraktiv in der Farbgebung ist die Züchtung 'Alaska Mixed' mit cremeweiß gesprenkeltem Laub.

EIGENSCHAFTEN

Dank der großen Samenkörner und des schnellen Wachstums ist die Kapuzinerkresse eine leicht zu ziehende Einjahresblume. Die etwa 25 cm hohen Pflanzen eignen sich sowohl für Beetbepflanzung als auch für Kübel, andere Sorten breiten sich üppig aus und klettern sogar an Zäunen empor. Die Farbauswahl ist groß, und neben Einzelfarben wie Goldgelb und Scharlachrot gibt es auch gemischte Sorten in verschiedenen Nuancen.

TROPAEOLUM AUF EINEN BLICK

Eine dankbare Einjahresblume mit schönen Blüten und üppigem Wuchs. Sät sich selbst aus. Verträgt keinen Frost.

Jan.	/
Febr.	säen
März	säen
April	pikieren
Mai	pikieren
Juni	Blütezeit
Juli	Blütezeit
Aug.	Blütezeit
Sept.	Blütezeit
Okt.	/
Nov.	/
Dez.	/

EMPFOHLENE SORTEN

Tropaeolum majus:

Rankende Sorten
'Climbing Mixed'
'Jewel of Africa'

Niedrig, gemischtfarbig
'Alaska Mixed'
'Gleam Mixed'
'Tip Top Mixed'

Unifarben
'Königin von Indien'
'Gleaming Mahogany'
'Moonlight'

STANDORT

Licht	Vollsonnige Lagen und Halbschatten.
Boden	Mageren Böden oder unter Sträuchern.

PFLEGE

Aussaat	Im April 3–5 Samenkörner in etwa 5 cm Abstand ins endgültige Beet stecken. Die Keimlinge, die nach 2–3 Wochen erscheinen, läßt man in Gruppen stehen. Für Topfkulturen legt man jeweils drei Samen in 9-cm-Töpfe und stellt sie zum Keimen warm. Danach bringt man sie ins Freie.
Düngen	Düngen im Freiland fördert den Blattwuchs auf Kosten der Blüten. Pflanzen in Kübeln sollte man flüssigdüngen.
Probleme	Gegen Blattläuse und Raupen zeitig Vorsorge treffen.

BLÜTE

Blütezeit	Den ganzen Sommer über.
Schnitt	Die Blüten schmecken gut zu Salaten.

NACH DER BLÜTE

Pflege	Verblühte Pflanzen zum Kompost geben. Einige für die Selbstaussaat stehen lassen.

VERBENA

Verbene, Eisenkraut

Zarte Pastelltöne findet man vor allem bei modernen Züchtungen wie der Sorte 'Romance Pastels'.

'Peaches & Cream' blüht pfirsichfarben und weiß, wird etwa 20 cm hoch und eignet sich für Kübel und Ampeln.

EIGENSCHAFTEN

Die meisten Verbenen werden 15–30 cm hoch und sind wegen ihrer dichten Dolden mit leuchtenden Blüten geschätzt. Sie sind sowohl für Gartenbeete als auch für Gefäßkulturen geeignet. Die meisten kriechenden oder überhängenden Sorten können im Frühjahr über den Versandhandel und in Gärtnereien als Jungpflanzen bezogen werden.

VERBENA AUF EINEN BLICK

Einjahresblume für Beete und Kübel. Die reiche Blüte fällt in den Sommer. Verträgt keinen Frost.

Jan.	/
Febr.	/
März	säen
April	pikieren
Mai	abhärten
Juni	Blütezeit
Juli	Blütezeit
Aug.	Blütezeit
Sept.	Blütezeit
Okt.	/
Nov.	/
Dez.	/

EMPFOHLENE SORTEN

Verbena-Hybriden:

Gemischtfarbig
'Crown Jewels'
'Novalis Mix'
'Raspberry Crush'
'Romance Pastels'

Unifarben
'Adonis Blue'
'Apple Blossom'
'Peaches & Cream'

Rankend/kriechend
'Misty'

STANDORT

Licht In voller Sonne blüht die Verbene am üppigsten.

Boden Gartenerde mit verrottetem Stallmist oder Kompost anreichern. Für Gefäßkulturen Einheitserde verwenden.

PFLEGE

Aussaat Im März die Samen in Anzuchtkästen streuen und leicht bedecken. Angießen und bei 21 °C keimen lassen. Die Keimlinge erscheinen nach 2–3 Wochen und werden nicht mehr gegossen. Wenn die Sämlinge kräftig genug sind, pikiert man sie in Multitopfschalen oder einzeln in kleine Töpfe. Nach dem Abhärten im Spätfrühling oder Frühsommer verpflanzen.

Düngen Monatlich mit Flüssigdünger.

Probleme Beim ersten Anzeichen von Mehltaubefall mit geeignetem Mittel spritzen.

BLÜTE

Blütezeit Den ganzen Sommer über.

Schnitt Als Schnittblume ungeeignet.

NACH DER BLÜTE

Pflege Verblühte Pflanzen ausreißen und auf den Kompost geben.

Viola cornuta
Hornveilchen

Die kleinblütigen 'Bambini'-Hornveilchen haben hübsch gezeichnete Blütenblätter und sehen aus wie Gesichter.

Dramatische Akzente erzielt man mit der schwarzvioletten Sorte 'Blackjack' und leuchtend gelben Varietäten.

Eigenschaften

Hornveilchen sind kleiner als Stiefmütterchen, aber nicht minder attraktiv. Die meisten *Viola Cornuta*-Hybriden sind winterhart und werden im Frühjahr oder Sommer ausgesät. Für Kübel, Ampeln und Balkonkästen nimmt man großblumige Sorten, die kleinblumigen eignen sich für Schalen und als Unterpflanzung. Die Pflanzen werden etwa 15 cm hoch und breiten sich buschig aus. Auch als fertige Jungpflanzen erhältlich.

Viola cornuta auf einen Blick

Eine winterharte Halbstaude mit hübschen kleinen Blütenköpfen an verzweigten Stielen. Winterhart bis –15 °C.

Jan.	/
Febr.	säen
März	säen
April	säen/Blüte
Mai	säen/Blüte
Juni	säen/Blüte
Juli	säen/Blüte
Aug.	kult./Blüte
Sept.	kult./Blüte
Okt.	pflanzen
Nov.	/
Dez.	/

Empfohlene Sorten

Viola-Hybriden:
- 'Bambini Mixed'
- 'Blackjack'
- 'Blue Moon'
- 'Cuty'
- 'Juliette Mixed'
- 'Midnight Runner'
- 'Princess Mixed'
- 'Sorbet Yesterday, Today & Tomorrow'
- 'Sunbeam'

Standort

Licht Sonne und Teilschatten.

Boden Normale, aber gut durchlässige Gartenerde. Für Gefäßkulturen Einheitserde verwenden.

Pflege

Aussaat Ab Februar unter Glas für die Blüte im Sommer oder Mai–Juli für die Blüte im nächsten Frühjahr. In beiden Fällen in 9-cm-Töpfe mit Einheitserde säen und die Samen nur leicht bedecken. Im Frühjahr 15 °C warm halten und die kräftigen Sämlinge in Multitopfschalen pikieren. Nach Abhärten Ende Mai verpflanzen. Bei Aussaat im Sommer an einem schattigen Platz im Freien keimen lassen und im Oktober ins Beet setzen.

Düngen In der Regel nicht erforderlich.

Probleme Gegen Schnecken Schneckenkorn streuen.

Blüte

Blütezeit Je nach Aussaat im Sommer oder im Frühjahr/Sommer des folgenden Jahres.

Schnitt Als Schnittblume für kleine Buketts und Sträußchen.

Nach der Blüte

Pflege Oft wachsen die Pflanzen als Mehrjährige weiter und säen sich auch selbst aus.

Viola tricolor

Feldstiefmütterchen

Die Blüten des Feldstiefmütterchens sehen aus wie kleine, bärtige Gesichter.

Wenn man eine Pflanze den Sommer über stehen läßt, damit die Samen reifen können, sät sie sich selbst aus.

Eigenschaften

Die kleinen Stiefmütterchen sind beliebte einjährige oder zweijährige Sommerblumen für Beete, Einfassungen und Balkonkästen. Das Feldstiefmütterchen *Viola tricolor* ist kleiner als seine großblütigen Verwandten und eignet sich besonders für Blumenbeete in ländlichen Gärten und zur Unterpflanzung in Gefäßkulturen. Es gibt auch Sorten in Einzelfarben. Jungpflanzen gibt es in großer Auswahl zu kaufen.

Viola tricolor auf einen Blick

Eine dankbare, üppig blühende und sich stark ausbreitende Sommerblume mit kleinen Blüten. Winterhart bis –15 °C.

Jan.	/
Febr.	säen
März	säen
April	säen/Blüte
Mai	säen/Blüte
Juni	säen/Blüte
Juli	säen/Blüte
Aug.	Blüte
Sept.	Blüte
Okt.	pflanzen
Nov.	/
Dez.	/

Empfohlene Sorten

Viola tricolor:

Unifarben

Blau

'Prince Henry'

Gelb

'Prince John'

Standort

Licht Verträgt Sonne und Teilschatten.

Boden Durchlässig. Für Gefäßkulturen Einheitserde verwenden.

Pflege

Aussaat Ab Februar unter Glas für die Blüte im Sommer oder Mai–Juli ins Freie für die Blüte im nächsten Frühjahr. Samen in 9-cm-Töpfe mit Einheitserde streuen und nur leicht bedecken. Im Frühjahr 15 °C warm halten. Wenn die Sämlinge kräftig genug sind, in Multitopfschalen pikieren, abhärten und im Mai auspflanzen. Bei Sommeraussaat im Freien keimen lassen, pikieren und die jungen Pflanzen im Oktober verpflanzen.

Düngen In der Regel nicht erforderlich.

Probleme Bei Schneckenbefall Schneckenkorn streuen.

Blüte

Blütezeit Ja nach Aussaat im Sommer oder im Frühling des nächsten Jahres.

Schnitt Als Schnittblume ungeeignet.

Nach der Blüte

Pflege Pflanzen kompostieren. Einige zur Selbstaussaat stehen lassen. Manchmal wachsen die Pflanzen als Mehrjährige weiter.

Viola wittrockiana

Viola Wittrockiana-Hybriden, Garten-Stiefmütterchen

Vor allem in den ersten Frühjahrswochen richtet das Garten-Stiefmütterchen sein »Gesicht« häufig nach der Sonne.

'Jolly Joker', ein Sommerblüher, mit orangefarbenen und dunkelvioletten Blüten ist eine von vielen Farbvarianten.

Eigenschaften

Die winterharten Garten-Stiefmütterchen blühen fast das ganze Jahr hindurch. Es gibt Sommerblüher und Herbst-/Winterblüher. Keine dieser Arten wird höher als 20 cm. Die »Gesichter« der Blüten werden bis zu 8 cm groß. Die Farbskala ist überwältigend reichhaltig und umfaßt blaue, gelbe, rote, violette und weiße Farbtöne wie auch gemischte und gemusterte. Viele Sorten sind als Jungpflanzen erhältlich.

Viola wittr. auf einen Blick

Viola Wittrockiana-Hybriden können als Einjährige oder Zweijährige gezogen werden. Winterhart bis –15 °C.

Jan.	/
Febr.	säen
März	säen
April	säen/Blüte
Mai	säen/Blüte
Juni	säen/Blüte
Juli	säen/Blüte
Aug.	Blütezeit
Sept.	Blütezeit
Okt.	pflanzen
Nov.	/
Dez.	/

Empfohlene Sorten

Viola wittrockiana:

Sommerblüher

'Antique Shades'
'Padparadja'
'Romeo & Juliet'
'Watercolours'

Herbst-/Winterblüher

'Homefires'
'Ultima Pastel Mixed'
'Universal Mixed'
'Velour Mixed'

Standort

Licht Spätblühende Sorten brauchen volle Sonne, die Sommerblüher Halbschatten.

Boden Komposterde untermischen. Spätsorten brauchen gut entwässerte Böden. Für Gefäßkulturen Einheitserde nehmen.

Pflege

Aussaat Ab Februar unter Glas für die Blüte im Sommer oder Mai–Juli ins Freie für die Blüte im nächsten Frühjahr. Samen in 9-cm-Töpfe mit Einheitserde streuen und nur leicht bedecken. Im Frühjahr 15 °C warm halten. Wenn die Sämlinge kräftig genug sind, in Multitopfschalen pikieren, abhärten und Ende Mai auspflanzen. Bei Sommeraussaat im Freien keimen lassen, pikieren und im Oktober auspflanzen.

Düngen Sommerblüher alle zwei Wochen mit Flüssigdünger.

Probleme Gegen Blattläuse ein Insektizid spritzen.

Blüte

Blütezeit Je nach Aussaat Sommer oder ab Oktober.

Schnitt Stiefmütterchen halten sich nur wenige Tage in der Vase.

Nach der Blüte

Pflege Nach der Blüte auf den Kompost geben.

Zinnia

Zinnie

Zu den unterschiedlichen Blütenformen und Farben gehören auch einfachblühende wie die hier gezeigten.

Wenn man die Jungpflanzen entspitzt, wächst die Zinnie buschig in die Breite und eignet sich als Lückenfüller.

Eigenschaften

Für jeden Garten gibt es eine geeignete Zinnienart. Zwergsorten werden etwa 15 cm hoch und für Beete und Kübel verwendet. Die 'Peter Pan-Serie', eine beliebte Züchtung, erreicht eine Höhe von 30 cm und bringt etwa 8 cm große Blüten in Weiß, Goldgelb, Lachsrosa und Rot hervor. Andere Sorten wie 'Thumbelina' haben dahlienförmige Blüten oder sind, wie die 'Zebra-Mischung', gestreift. Frostempfindliche, vielseitige Einjahresblume.

Zinnia auf einen Blick

Eine kälteempfindliche Sommerblume mit prachtvollen Blüten in verschiedenen Farbtönen. Verträgt keinen Frost.

Jan.	/
Febr.	/
März	/
April	/
Mai	säen
Juni	ausdünnen
Juli	Blütezeit
Aug.	Blütezeit
Sept.	Blütezeit
Okt.	Blütezeit
Nov.	/
Dez.	/

Empfohlene Sorten

Zinnia-Hybriden:

Hochwüchsige Sorten
- 'Oklahoma'
- 'Dahlienblütige Riesen'
- 'Zebra Mixed'

Kompaktwachsend
- 'Belvedere'
- 'Fairyland'
- 'Persian Carpet Mixed'
- 'Liliput'

Standort

Licht Zinnien lieben die Wärme und brauchen sonnige, geschützte Standorte.

Boden Gut durchlässige Böden, vor dem Pflanzen mit Stallmist oder Kompost anreichern.

Pflege

Aussaat Zinnien sind zwar nicht winterhart, gedeihen aber am besten, wenn man sie direkt ins Gartenbeet in kurze, 1 cm tiefe Furchen sät. Die Samen werden im Mai ausgestreut und in kalten Nächten mit Vlies zugedeckt, die jungen Pflanzen je nach Wuchshöhe allmählich auf 15–60 cm ausdünnen. Bei Zwergsorten jeweils 2–3 Samen in einen kleinen Topf geben und bis auf die kräftigste Pflanze vereinzeln.

Düngen Zusatzdüngung nicht erforderlich.

Probleme Um Mehltaubefall zu vermeiden, nicht zu dicht pflanzen. Notfalls mit einem Fungizid spritzen und Standort wechseln.

Blüte

Blütezeit Juli bis September.

Schnitt Ausgezeichnete Schnittblume. Besonders eindrucksvoll ist 'Envy Double' mit gefüllten, grünen Blüten.

Nach der Blüte

Pflege Ausreißen und auf den Kompost geben.

SCHNITT-BLUMEN

Viele Hobbygärtner sind der Ansicht, daß Einjahresblumen – wie überhaupt alle Blumen – im Garten am besten wirken. Aber auch im Haus können wir unsere Freude an ihnen haben, zumal wir hier einen großen Teil unserer Zeit verbringen.

Eine Vase mit frischen Schnittblumen erfüllt ein Zimmer mit Licht und Farbe und bringt die Schönheit der Natur ins Haus. Blumen zu pflücken, die man selbst gepflanzt und monatelang gepflegt hat, ist eines der größten Vergnügen der Gartenarbeit. Ob Sie sie nun aus dem eigenen Garten holen oder im Geschäft kaufen, stets werden Sie darum bemüht sein, Ihre Schnittblumen möglichst lange frisch zu halten. Die folgenden Hinweise sollen Ihnen dabei helfen.

Links: Harmonischer Farbenkontrast – große, gelbe Sonnenblumen mit kleinen, blauen Kornblumen. Beide halten sich etwa fünf Tage in der Vase.

Oben: Der Rote Sonnenhut mit dicker, aufgewölbter Scheibe.

Blumen schneiden

Schneiden Sie Blumen aus dem eigenen Garten früh morgens oder spät nachmittags. Stellen Sie sie sofort in einen Eimer mit kaltem Wasser an einen kühlen Ort und lassen Sie sie etwa eine Stunde stehen. Das gilt vor allem an heißen Sommertagen. Danach können Sie die Blumen in der Vase arrangieren.

Schnittblumen kaufen

Achten Sie beim Blumenkauf darauf, daß die Blumen frisch sind und die Blüten sich gerade zu entfalten beginnen. Meiden Sie Blumen, die in der Sonne gestanden haben oder Autoabgasen ausgesetzt waren. Vergilbendes Laub oder Stengel mit bräunlichem Belag sind Hinweise darauf, daß die Blumen schon einige Zeit im Wasser gestanden haben und nicht mehr frisch sind. Zu Hause stellen Sie die Blumen mit dem Papier in einen Eimer Wasser, wo sie sich erholen können.

Sauberkeit

Sorgen Sie für saubere Vasen. Angetrocknete Flecken könnten von Bakterienstämmen herrühren, die das Wasser verschmutzen und die Wasseraufnahme der Blumen behindern, so daß sie welken. Flecken, die durch normales Reinigen nicht weggehen, beseitigt man, indem man einige Tropfen Haushaltsbleichmittel zum Spülwasser gibt. Lassen Sie die Lösung einige Stunden einwirken und spülen Sie gut mit frischem Wasser aus.

Sauberes Wasser und »Pflanzennahrung«

Damit Blumen in der Vase lange halten, brauchen sie sauberes Wasser. Sie können es täglich durch frisches ersetzen oder ein Mittel zum Frischhalten von Schnittblumen verwenden, das es in Gärtnereien zu kaufen gibt. Falls Sie finden, daß sich der Aufwand nicht lohnt, stellen Sie die gleiche Sorte Blumen in zwei Vasen. In eine geben Sie das Frischhaltemittel und lassen die Blumen einige Tage darin stehen, ohne das Wasser zu wechseln. Der Unterschied wird nicht zu übersehen sein! Sie können gute Frischhaltemittel kaufen oder ein solches auch selbst bereiten, indem Sie 300 ml Li-monade (aber keine Diätlimonade) mit der gleichen Menge Wasser mischen und einen halben Teelöffel Bleichmittel dazugeben. Der Zucker in der Limonade liefert Nahrung für die Blumen, und die Bleiche tötet Bakterien ab, die die Gefäße der Pflanze verstopfen und die Nahrungszufuhr verhindern würden.

CENTAUREA
(Flockenblume)
Die beliebten Sorten in Rot, Pink, Blau und Weiß können als Schnittblumen verwendet oder zum Trocknen aufgehängt werden.

CAMPANULA
(Glockenblume)
Mit ihren glockenförmigen Blüten an langen Stielen eignet sich die Blume gut zum Schneiden. Sie wird im Herbst ausgesät und im darauf folgenden Jahr gepflückt.

ZINNIA *(Zinnie)*
Die Stengel der Zinnie müssen nach dem Schneiden abgebrüht werden, damit sie Wasser besser aufnehmen. Man schneidet sie, sobald sich die Blüten zu öffnen beginnen.

COSMOS
(Schmuckkörbchen)
Die Blumen mit feinem Laub und dahlienähnlichen Blüten an langen Stengeln blühen bis in den Herbst hinein. Die rosa Sorte 'Gloria' mit ihrem dunkelroten Ring ist sehr attraktiv.

PAPAVER *(Mohn)*
Für die Vase schneidet man Mohn, wenn die Knospen noch geschlossen sind. Die Stengel gleich nach dem Schneiden etwa 20 Sekunden in kochendes Wasser tauchen.

RUDBECKIA PURPUREA *(Roter Sonnenhut)* *Der Sonnenhut ist eine ausgezeichnete Schnittblume und hält lange, wenn man ihn kurz nach dem Öffnen der Blüten schneidet.*

MATTHIOLA *(Levkoje)* *Schon der angenehme Duft macht die Levkoje zu einer beliebten Schnittblume. Die Stengel nach dem Schneiden abbrühen, und das Wasser nach wenigen Tagen wechseln.*

RUDBECKIA *(Sonnenhut)* *Langlebige Schnittblume mit goldgelben, orangefarbenen oder roten Sternblüten und dunkelbraunen, kugeligen Scheiben.*

COREOPSIS *(Mädchenauge)* *Man schneidet das Mädchenauge, wenn sich die Blüten ganz geöffnet haben, aber die Blütenblätter noch fest sind.*

HELICHRYSUM *(Strohblume)* *Bevorzugte Blume für Trockensträuße. Man schneidet sie, bevor sich die Blüten geöffnet haben. Während des Trocknens gehen sie weiter auf.*

MOLUCCELLA *(Muschelblume)* *Die Muschelblume ist eine der attraktivsten Einjahresblumen für Trockensträuße. Die grünen Kelche, in denen die kleinen Blüten sitzen, verfärben sich während des Trocknens bräunlich.*

Blumen Arrangieren

Bevor Sie die Blumen in der Vase anordnen, kürzen Sie die Stengel mit einem scharfen Messer um einige Zentimeter und entfernen die Blätter, die im Wasser stehen würden. Sie würden sonst faulen und das Wasser verschmutzen.

Narzissen, Jonquillen und Tulpen dürfen nicht unmittelbar nach dem Schneiden zu anderen Blumen gesteckt werden, weil ihre Säfte diese vorzeitig welken lassen würden. Geben Sie diese Blumen einige Stunden in eine andere Vase, bevor Sie sie einem gemischten Strauß hinzufügen.

Wenn Blumen die Köpfe hängen lassen, bekommen sie zu wenig Wasser. Schneiden Sie die Stengel noch einmal an und stellen Sie die Blumen mindestens zwei Stunden in einen Eimer mit kaltem Wasser, bevor Sie sie wieder in die Vase geben.

Viele Stengel nehmen Wasser besser auf, wenn man sie zwischen den Blattansätzen abschneidet. Dies gilt besonders für Nelken und Hortensien. Früher glaubte man, daß Hortensien und einige andere Blumen Wasser leichter aufnehmen könnten, wenn man die Stengel mit dem Hammer breitklopft. Aber an den zerschlagenen Fasern siedeln sich Bakterien an und verhindern die Wasseraufnahme. Saubere Schnitte mit einem scharfen Werkzeug sind in jedem Fall vorzuziehen. Einige Einjahresblumen halten länger in der Vase, wenn man die Stengel kurz abbrüht.

Haltbarkeit verlängern

Sie können noch einiges tun, damit Vasenblumen möglichst lange halten. Zum Beispiel vertragen es Schnittblumen nicht, wenn man die Vase ans Fenster in die volle Sonne oder in überheizte Räume stellt. Auch Zugluft bekommt den Blumen nicht, denn diese trocknet sie rasch aus. Stellen Sie Schnittblumen nie in die Nä-he von Schalen mit frischem Obst. Reife Früchte sondern das Fruchtreifungshormon Äthylen ab, das die Blumen vorzeitig altern läßt. Nehmen Sie welkende Blumen regelmä-ßig aus der Vase, dann sieht das Gesteck immer frisch aus. Insbe-sondere gemischte Sträuße halten länger, wenn man die kurzlebigen Blumen rechtzeitig entfernt. Manche Blüten, wie Margeriten und Levkojen, riechen unangenehm, wenn sie zu lange in der Vase stehen.

Blütezeiten-Tabelle

Botan. Name	Frühling			Sommer			Herbst			Winter		
	Früh	Mitte	Spät	Früh	Mitte	Spät	Früh	Mitte	Spät	Früh	Mitte	Spät
Abutilon				✿	✿	✿	✿					
Ageratum				✿	✿	✿	✿					
Agrostemma			✿	✿	✿	✿	✿					
Alcea				✿	✿	✿	✿					
Amaranthus				✿	✿	✿	✿	✿				
Antirrhinum				✿	✿	✿	✿					
Arctotis				✿	✿	✿	✿					
Begonia				✿	✿	✿	✿					
Bellis	✿	✿	✿									✿
Brachyscome				✿	✿	✿	✿					
Brassica	✿	✿	✿									
Browallia				✿	✿	✿	✿					
Calceolaria				✿	✿	✿	✿					
Calendula				✿	✿	✿	✿					
Callistephus				✿	✿	✿	✿	✿				
Campanula				✿	✿	✿	✿					
Catharanthus				✿	✿	✿	✿					
Celosia				✿	✿	✿	✿					
Centaurea			✿	✿	✿	✿	✿					
Cheiranthus	✿	✿										✿
Cleome				✿	✿	✿	✿					
Consolida				✿	✿	✿	✿					
Coreopsis					✿	✿	✿	✿				
Cosmos				✿	✿	✿	✿					
Dahlia				✿	✿	✿	✿	✿				
Delphinium				✿	✿	✿	✿					
Dianthus barbatus		✿	✿	✿	✿							
Dianthus chinensis				✿	✿	✿	✿					
Digitalis				✿	✿							
Dorotheanthus				✿	✿	✿	✿					
Eschscholzia				✿	✿	✿	✿					
Euphorbia				✿	✿	✿	✿					
Gazania				✿	✿	✿	✿					
Godetia				✿	✿	✿	✿					
Gomphrena				✿	✿	✿	✿					
Gypsophila				✿	✿	✿	✿					
Helianthus				✿	✿	✿	✿					
Helichrysum				✿	✿	✿	✿	✿				
Helipterum				✿	✿	✿	✿					
Iberis				✿	✿	✿						
Impatiens				✿	✿	✿	✿	✿				
Ipomoea					✿	✿	✿					
Kochia				✿	✿	✿	✿	✿				
Lathyrus				✿	✿	✿	✿					
Lavatera				✿	✿	✿	✿					

Botan. Name	Frühling			Sommer			Herbst			Winter		
	Früh	Mitte	Spät	Früh	Mitte	Spät	Früh	Mitte	Spät	Früh	Mitte	Spät
Limnanthes				✿	✿							
Limonium					✿	✿	✿					
Linaria				✿	✿	✿	✿					
Lobelia				✿	✿	✿	✿					
Lobularia				✿	✿	✿	✿					
Lunaria	✿	✿	✿	✿								
Lupinus				✿	✿	✿	✿					
Malcolmia		✿	✿	✿	✿	✿	✿					
Matthiola		✿	✿									
Mimulus				✿	✿	✿	✿					
Moluccella				✿	✿	✿	✿					
Myosotis		✿	✿									
Nemesia				✿	✿	✿	✿					
Nemophila			✿	✿	✿	✿	✿					
Nicotiana				✿	✿	✿	✿					
Nigella		✿	✿	✿	✿	✿	✿					
Osteospermum				✿	✿	✿	✿	✿				
Papaver nudicaule			✿	✿	✿	✿	✿					
Papaver rhoeas			✿	✿	✿	✿	✿					
Pelargonium				✿	✿	✿	✿					
Petunia				✿	✿	✿	✿					
Phlox				✿	✿	✿	✿					
Portulaca				✿	✿	✿	✿					
Primula	✿	✿	✿									✿
Ranunculus	✿	✿	✿									
Reseda				✿	✿	✿	✿					
Ricinus				✿	✿	✿	✿					
Rudbeckia				✿	✿	✿	✿	✿				
Salpiglossis				✿	✿	✿	✿					
Salvia				✿	✿	✿	✿					
Scabiosa				✿	✿	✿	✿					
Schizanthus				✿	✿	✿	✿					
Senecio				✿	✿	✿	✿	✿				
Solenostemon				✿	✿	✿	✿					
Tagetes				✿	✿	✿	✿					
Thunbergia				✿	✿	✿	✿					
Tithonia				✿	✿	✿	✿					
Torenia				✿	✿	✿	✿					
Tropaeolum				✿	✿	✿	✿					
Verbena				✿	✿	✿	✿					
Viola cornuta		✿	✿	✿	✿	✿	✿					
Viola tricolor		✿	✿	✿	✿	✿	✿					
Viola wittrockiana		✿	✿	✿	✿	✿	✿					
Zinnia					✿	✿	✿	✿				

Register

F

G

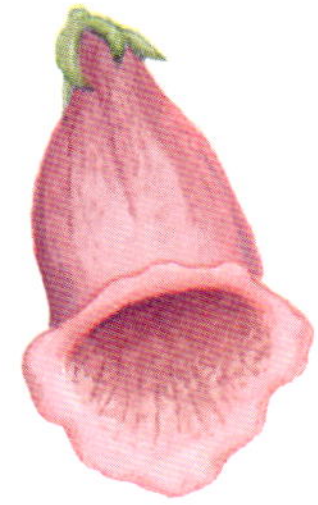

H

I

J

K

L

M

N

O

P

R

S

T

V

W

Z

Originalausgabe 1998 Merehurst Limited
Ferry House, 51-57 Lacy Road, Putney, London SW15 1PR

Originaltitel: A Gardener's Guide to Annuals
Series Editor: Graham Strong
Editor: John Walker
Text: Margaret Hanks
Illustrations: Sonya Naumov

Bonner Straße 126
D-50968 Köln
Übersetzung aus dem Englischen
für VerlagsService: Walter Spiegl
Redaktion und Satz:
VerlagsService Dr. Helmut Neuberger
& Karl Schaumann GmbH, Heimstetten
Druck und Bindung: Sing Cheong Printing Co., Ltd
Printed in Hong Kong, China

ISBN 3-8290-1384-1
10 9 8 7 6 5 4 3 2

Bildnachweis:
Alle Aufnahmen von Lorna Rose, ausgenommen die von Gregory Lewis (S. 86l und r, 89l);
Stirling Macoboy (S. 70l, 47, 46r, 45r, 59, 54r);
Tony Rodd(S. 34l und r); Graham Strong (S. 8, 24r, 52r, 53, 68);
Eric Sawford (S.21l und r, 71r, 84l, 93);
Suttons (S. 23, 27r, 36r, 52l, 76l und r, 77r, 81l und r, 98l und r);
Mr Fothergill's (S. 48r, 78 unten, 91r, 96l und r);
Thompson & Morgan (S. 77l);
John Walker (S. 78); Unwins (S. 91l).